집의 순간

적당한 고요

글을 열며

오랜 시간 가족들이 머문 집이 있었다. 같은 자리에서 수십 년을 보내며 파도가 오고 가는 모래사장의 모래알처럼 순간들이 쌓였다. 그중에서 기억에 남은 몇 가지를 꺼낸다.

흔들리는 삶을 살며 생의 이유를 찾던 밤이 지나고 지금은 생명체의 기본 소양을 지키며 삶을 살아간다. 지나간 순간들이 나에게 남긴 의미를 종종 떠올리며.

모든 순간이 의미를 남기지는 않는다. 그저 지나간 사건의 한 자락일 때도 있다. 그럼에도 기록을 남기는 것은 지난 시간의 나와 마주하기 위해서, 그리고 그것을 지나쳐 앞으로 나가기 위해서이다.

기억을 기록하는 일은 시간이 지나면 기록을 기억하게 된다. 어쩌면 이건 내가 기억하고 싶은 마음의 방향인지도 모르겠다.

가족의 순간

이제는	12
계단에 무서운 얼굴이 있어요	16
장마가 오기 전 해야 할 일	20
동이와 리치	24
할머니의 시간이 사라져간다	26
할머니의 세계와 마주하기	30
미움의 치환	34
미움의 얼굴	39
할아버지와 벽난로	42
할아버지의 수첩	46
아빠의 수학책	50
할머니와 나의 시간, 하나	57
할머니와 나의 시간, 둘	61
새벽 다섯 시, 전화	65
장례식장	68

집의 순간

일 년 중 열 달은 내복을 입어   77
눈 오는 날   80
비뚤어진 타일 하나와 스뎅 욕조   83
엄마의 정원   85
냐옹의 아이들   89

나의 순간

나의 방   101
새로운 나의 집   105
돈세탁하던 아이   108
크리넥스 티슈   112
태어난 날의 신문과 출생증명서   115
유치와 틀니, 그리고 새 와이셔츠   118
덕후의 기질   121
할머니의 재봉틀   123
이사   127
어떤 의미가 있을까   132

가족의 순간

이제는

 익숙한 번호의 버스가 눈앞을 지난다. 동네에 라일락이 핀 걸 보고 충동적으로 버스를 잡아탔다. 구름 없는 맑은 하늘 아래, 조금 걸으면 땀방울이 날 것 같은 날이었다. 사거리에 위치한 익숙한 정류장에 내려서 바로 앞 카페에서 아이스 아메리카노를 주문했다. 쿠폰을 찍어줄지 묻는 사장님께 괜찮다고 말하며 커피를 들고나왔다. 사거리는 그사이 조금 다른 풍경이다. 동네의 절반은 재개발이 되기에 어디는 새로운 아파트가 들어서고, 어디는 철거하고, 어디는 텅텅 빈 대지를 보여준다. 예전에는 하나였던 풍경이 사거리를 따라서 4등분으로 쪼개져 있다. 풍경을 잠시 바라보다 오르막길로 발을 향했다.

 짧은 언덕을 넘으니 집이 보이기 시작한다. 여기는 재개발의 여파에서 빠졌기에 골목 하나를 두고 익숙한 풍경이다. 여전한 빨간 벽돌집. 예상대로 대문 안쪽에 바로 위치한 라일락이 활짝 피어있었다. 집 앞을 맴도는 수상

한 사람으로 보이면 안 되니 커피를 마시며 누군가를 기다리듯이 집 앞에 섰다. 올해 따라 라일락꽃은 풍성하게도 피었다. 주인이 바뀌었는데 꽃은 더 활짝 피니 약간의 심통이 올라온다. 하지만 마음이 무색하게도 꽃향기를 맡으니 그 마음조차 스르륵 사라진다. 찬찬히 고개를 들어 담장 넘어 보이는 집을 살펴본다.

고동색 새시가 새하얀 창호로 바뀌어 어색해 보이는 것 빼고는 많은 것이 바뀌지는 않았다. 지금이라도 대문을 열고 들어갈 수 있을 것 같은데 눈부신 새하얀 창호가 이제는 우리 집이 아니라고 말하는 것 같았다. 상념에 잠겨 커피를 쭉쭉 빨아당기니 금세 커피가 바닥났다. 구경할 합당한 시간이 이제 끝난 것 같아서 다시 왔던 길을 돌아간다. 5분도 안 되는 시간을 커피 한잔과 담장 너머 라일락 향기가 채웠다. 그리고 마음에 새겨진다.

'이제는 정말 우리 집이 아니다.'

나와 비슷한 나이를 먹은, 내 유년기와 이삼십 대의 시간을 보낸 집. 이제는 떠나온 그 집에 대해서 이야기하고자 한다.

1963년 11월의 눈 오던 날, 가족들이 이사를 왔다. 할아버지와 할머니, 그 아래 4명의 자식이 있었다. 10살이었던 아빠가 결혼을 하고 두 자녀의 아빠가 될 정도의 시간을 지났다. 원래 있던 단층집을 허물고 조그마한 마당이 있는 빨간 벽돌의 이층집이 지어졌다. 집을 짓는 3개월 동안 가족들은 뿔뿔이 근처 셋방으로 흩어져 지냈다. 집이 완공되고, 돌쟁이 아기였던 나는 엄마에게 업힌 채 새집을 구경했다.

집에서 제일 기억나는 계절은 라일락 향기가 가득한 봄이다. 마당의 목련과 진달래가 피고 나서 맞닥뜨리는 어느 봄밤. 대문을 열고 들어가면 향기로운 내음이 코를 감싼다. 낮보다 유독 밤에 더 향기가 진하다. 그 향기가 좋아서 대문을 들어서고 나서도 한참을 라일락 나무 앞에 서 있었다. 계절의 기억은 찰나이고, 이 순간을 지나면 일 년이 지나서야 다시 마주할 수 있다는 사실을 알기 때문이다.

 나와 비슷하게 나이가 든 집은 시간이 지날수록 아프다는 신호를 보냈다. 살아있는 것들은 모두 품이 들기에 집에 남아있는 젊은이는 자꾸 고장 나는 집을 향해 구시렁거리는 때가 많았다. 그럴 때마다 집은 이런 한순간을 보여줬다.

계단에 무서운 얼굴이 있어요

우리 집은 빨간 벽돌로 지어진 2층의 양옥집이다. 대문을 열고 들어가면 오른편에 작은 마당이 있고 왼쪽에 집이 있다. 3단짜리 작은 계단을 올라가 가나초콜릿처럼 생긴 현관문을 연다. 신발이 놓인 현관을 지나 중문을 열고 집 안으로 들어가면 80년대에 지어진 집답게 내부가 목재로 되어있다. 벽과 천장은 무광의 고동색 나무 패널로, 바닥은 가로로 4칸, 세로로 4칸이 교차되게 짜맞춘 정사각형의 유광 나무 바닥재로 되어있다. 1층은 거실과 화장실이 있는 안방, 주방으로 이루어져 있고 계단을 반 정도 올라가면 1.5층에 내가 쓰던 방과 미니 화장실이 있다. 2층은 계단 앞에 작은 방이 하나 있고, 중문을 열고 들어가면 마루와 화장실, 방이 두 개 있다. 마루 쪽 창을 열면 작은 야외 베란다가 나온다.

방은 철저하게 서열에 따라 나뉘었다. 주방을 제외한 1층은 할아버지와 할머니의 공간이었고, 2층의 방 중 해가 잘 드는 큰방은 첫째인 아빠와 우리 가족이, 그 옆의 방은 큰삼촌, 계단 앞 작은 방은 작은삼촌, 1.5층의 방은 고모가 썼다. 2층 작은방이 고모 방보다 크기가 작았는데, 아무래도 막내딸 버프를 받아 좀 더 큰 방이 돌아간 것으로 보인다.

집이 지어질 무렵, 아빠는 대학교 졸업 후 해병대 장교로 복무하다가 이제 사회에 발을 들인 시점이었다. 그리고 엄마는 시댁 식구들과 어린 자녀 둘을 챙겨야 하는 고난의 시절이었다. 엄마 등에 업혀 있던 갓난아이가 유치원에 들어갈 때쯤 치솟는 고부갈등에 쫓겨나다시피 독립을 하게 되었다. 시간이 흘러 내가 대학교에 입학하고 나서 할머니 혼자 남은 집에 다시 우리 식구들이 들어오게 되었다. 고모 방은 내가, 작은삼촌 방은 오빠가, 2층의 큰방들은 엄마와 아빠의 공간이었다.

사실 집에 대해서 생각하면 아름답고 따뜻한 기분만은 아니다. 이 공간에서 이루어졌던 많은 사건 사고가 진득하게 집안 곳곳에 들러붙어 있기 때문이다. 엄격한 할아버지와 무서운 할머니, 까탈스러운 큰삼촌과 어렸던 작은 삼촌과 고모, 군 복무 후 회사에 들어가 또다시 외국에 파견 나가 있는 아빠. 그 시절 엄마를 생각하면 마음 둘 곳이 없이 바빴던 빼빼 마른 엄마가 떠오른다. 오빠와 나는 가족들의 사랑을 받으며 포동포동하게 자랐지만 엄마에게는 얼마나 힘든 시간이었을까.

어렸을 때부터 꿈을 많이 꾸고 같은 꿈을 반복적으로 꾸기도 한다. 2층을 오르는 계단은 나무로 되어 있는데 그중에 옹이가 얼굴처럼 보이는 칸이 있다. 어릴 적 단골 꿈은 그 계단에서 괴물이 튀어나와 나를 잡아먹는 것이었다. 선명하고 무서운 꿈에, 계단을 지날 때 짧은 다리로 그 칸은 밟지 않고 건너뛰었다. 아무것도 모르는 아이였지만 종종 느껴지던 분위기가 꿈으로 나타난 것이 아니었을까 이제 와 생각한다. 자라고 나서 다시 그 계단을 보았을 때 이제는 E.T.의 얼굴이 보였다. 이해를 할 수 없던 괴물이 얼굴과 사정을 아는 괴물이 되었다. 그렇다고 해서 나아지는 것은 없었지만 괴물에 쫓기는 사람도, 쫓고 있는 괴물도 그냥 슬펐다.

누군가를 몹시 미워하던 시간을 보낼 때 이 시간이 지

나면 그 상대에게 이해의 여지가 개입될 거라는 것을 본능적으로 알았다. 미움이 점철되어 있었기에 미래의 시간이 오지 않기를 바랐다. 하지만 시간은 흐른다. 좀 더 많은 것이 보이고 맹목적으로 편을 들던 아이는 그 너머를 바라본다. 심정적으로는 아직도 한 사람의 편이다. 하지만 반대편에 있는 사람에게도 안쓰러운 마음이 든다. 무엇이 이토록 힘든 시절을 겪게 했을까. 그러나 답을 줄 사람은 이제 없다.

장마가 오기 전 해야 할 일

 봄의 기운이 사라지고 여름의 기운이 당도하기 전, 비가 내리는 날에 하는 생각이 있다.

 '아, 장마 오기 전에 지붕 위에 올라가야 하는데...'

 처음 지붕 위로 올라가게 된 건 며칠 동안 쉬지 않고 비가 내리던 날이었다. 비가 심상치 않게 온다고 했더니 내 방 앞 계단 위쪽 천장에서 물이 새기 시작했다. 비가 계속 내리고 누수가 생긴 거라 원인은 지붕 위에 있지 않을까 싶었다. 2층 베란다 한쪽으로 1.5층인 내 방 지붕 위를 올라갈 수 있다. 올라가서 살펴보니 배수로 가득 진흙 덩이가 쌓여 배수로의 기능을 상실하고 계속 내린 비로 물이 넘쳐흐른 것으로 보였다. 쓰레기를 담을 봉지와 장갑을 챙겨 다시 지붕 위에 오르고, 그날을 기점으로 1년에 한 번 할 일이 추가되었다.

1년에 한 번이지만 귀찮은 일이라 계속 미루게 된다. 그러다 장마를 앞두고 비가 내리는 날이 되면 미뤄뒀던 일이 지금 당장 해야 할 일로 바뀐다. 맑은 날에 올라가 미리 해도 되지만 꼭 지붕 위로 올라가는 날은 부슬부슬 비가 내리는 날이었다.

지붕은 경사면으로 붉은 기와가 비스듬히 얹어져 있다. 처음 얹었을 때 단단하고 가지런했던 모양이 세월을 겪으면서 파손되고 금이 가고 부스러기 조각이 되었다. 기와 밑을 살펴보면 기와를 받치고 있던 목재가 보인다. 있는 줄 몰랐던 구조의 일부분이 세월을 지나 손에 쥐기만 해도 조각이 날 정도로 낡아 있다. 조각은 빗물을 타고 내려와 배수로에 쌓이고 그 위로 나뭇잎과 흙먼지가 쌓이면서 진흙 덩이가 되었다. 있는 줄 몰랐던 부서진 목재 조각, 오랜 시간을 지나 단단한 형체를 잃고 부서진 기와를 보면 언젠가부터 할머니가 생각났다. 세월이 고장 낸 할머니를.

지붕에 오르면 목장갑을 끼고 그 위로 비닐장갑을 두어 겹 덮어 낀다. 기와 위를 걸을 때는 되도록 살살 발을 디딘다. 처음 발을 디딜 때는 기와가 깨질까 봐 걱정이 었는데 몇 번 하다 보니 요령이 생기고 생각보다 기와가 단단하다는 걸 깨닫는다. 먼저 모서리에 있는 물구멍부터 살핀다. 5cm 정도의 구멍이라 웬만한 건 흘러 내려가는데 간혹 이 위로 솔방울이나 낙엽이 쌓이면 적체 현상을 유발한다. 구멍을 시작으로 지붕을 빙 두른 배수로를 따라 오른쪽으로 이동하면서 청소를 시작한다. 알루미늄 봉으로 긁어내고 젖은 진흙더미를 봉지에 손으로 퍼 담는다. 처음에는 쌓여있는 게 어찌나 많았던지 이틀을 꼬박 작업하고 앓아누웠다. 이후 일 년에 한 번 정규작업이 되면서 하루 정도 시간을 내면 됐다. 내 방 위쪽 지붕은 도로를 접하고 있어서 지붕에 앉아서 뭔가를 조물거리고 있으면 길을 지나는 사람들의 시선을 받게 되는 건 당연하다. 게다가 주로 비가 오는 날이어서 누가 보면 지붕 위에 미친 사람처럼 보이기도 한다. 그래서 되도록 고개를 숙이고 재빠르게 손을 움직인다. 내 방 위 ㄷ자 모양의 배수로 작업이 끝나면 이제는 2층 위 지붕으로 향한다. ㅁ자 형태인 이쪽이 메인답게 작업 분량이 더 많고 위험하다. 그나마 2층 베란다나 1.5층 지붕과 맞닿은 방면은 괜찮지만 내리막 골목을 끼고 있는 쪽은 체감상 4

층 높이 정도라 아찔하기도 하다. 그나마 다행인 건 그쪽은 청소 거리가 적다는 점이고.

비가 보슬보슬 올 때 지붕 위에 올라가 있으면 생경한 감각이 든다. 첫 번째로 드는 감각은 긴장감이다. 긴장의 시간이 지나고 아무도 올라가 있지 않은 곳에서 저 멀리를 내려다 보면 탁 트인 하늘 아래 세상의 왕이 된 것 같은 느낌도 든다. 진흙 덩이 위에 이끼가 피어나고 그 위로 작은 식물의 잎이 나 있는 걸 보면 생명의 부지런함도 느낀다. 뭔가 절대자의 시선이 느껴진달까. 작업은 귀찮지만 그 위에 올라가 있는 건 나쁘지 않았다. 아니 썩 좋았다. 셀카라도 찍으면서 구도자의 장면을 남기고 싶지만 비에 젖은 화면 속 얼굴을 확인하고 조용히 휴대폰을 넣는다.

작업의 마지막은 진흙이 가득한 봉지를 들고 내려오는 일이다. 그 무게가 만만치 않아서 내려올 때 긴장을 놓치면 안 된다. 비탈진 사면에서 중심을 잡고 있기에 올라올 때와는 다른 무게에 휘청일 수 있다. 조심히 이층 베란다에 발을 안착하기까지가 장마가 오기 전 내가 할 일이다.

동이와 리치

7살에서 20살 사이에는 집에서 나와 네 식구가 따로 살았다. 중학생 무렵 살던 아파트에서 주인을 잃고 헤매는 요크셔테리어를 경비아저씨가 붙잡아 두었는데, 며칠을 보다 경비아저씨와 친했던 엄마가 강아지를 집으로 데리고 왔다. 가족을 찾으면 다시 돌려줄 요량이었는데 찾지 못하고 우리 집 식구가 되었다. 이름은 업동이에서 따와 동이라고 불렀다.* 소심한 성격이라 사람 옆에 바로 앉지 않고, 저 멀리 앉고 나서 엉덩이를 슬금슬금 움직여 곁으로 다가오는 게 귀여웠다. 동이는 몇 년을 살다 하늘나라에 갔고, 리치가 두 번째 식구가 되었다. 원주인은 자식이 없는 부부였다고 하는데 해외에 가게 되어서 새 주인을 찾는다고 했다. 자식같이 키웠다는데 실제 자식은 아니었나 보다. 지인의 지인 소개로 갑자기 낯선 집에 맡겨진 리치는 불안감이 컸다. 바들바들 떠는 게 안쓰러워 첫날 밤 내 방으로 데리고 와 서로 구석을 차지하고 잠을 잤다. 효과가 있었는지 며칠 사이 집에 적응하는 눈치였다. 리치는 아빠를 유독 좋아해서 아빠 무릎을 차지하고 앉아 있는 걸 좋아했다.

할머니가 혼자 남은 집으로 다시 들어오기로 하면서 문제가 되었던 것은 리치였다. 할머니는 어렸을 때 개에게 물린 기억이 있어서 개라면 질색하셨다. 당연히 다른 데에 보내라고 하셨지만 아빠 무릎을 좋아한 리치는 우리와 함께 할 수 있었다. 물론 화가 날 때마다 내보내라는 할머니의 레파토리는 추가되었지만.

나이가 들어 리치도 할머니도 문제가 생긴 건 비슷할 때였다. 강아지의 시간은 좀 더 빠르니, 리치는 15살의 나이로 안녕을 고했다. 그리고 할머니의 시간은 그때부터 느리게 흘러갔다. 리치가 죽고 나서는 아무도 동물 키우는 이야기를 하지 않았다. 집에는 돌볼 사람이 있었고 여력이 없었다.

* 표준말은 업둥이.

할머니의 시간이 사라져 간다

 어렸을 때부터 할머니의 성정은 대단했다. 한 번 화가 나면 앞뒤 재는 것 없이 화를 쏟아내는 타입이었다. 할아버지도 꽤 무서운 사람이었지만 감정을 앞세워 화를 내는 유형이 아니라 차갑게 화를 내는 유형이라 불같은 할머니와는 비교가 되었다. 중학교 때 할아버지가 돌아가시고 나서 할머니 혼자 집에 남게 되었다. 몇 년은 오빠와 나의 입시를 핑계로 버틸 수 있었지만 내가 대학교에 들어가고 난 뒤에는 할머니가 사는 집으로 다시 들어와야 했다. 장남인 아빠의 책임감도 있었고 경제적인 문제도 있었다.

 할아버지가 돌아가시기 전 아빠는 회사에서 잘렸다. 부하직원의 실수로 결재 라인 전체가 책임을 져야 했다. 집안의 기둥이었던 할아버지도 와병 중이어서 집안 분위기는 어두웠다. 우선은 할아버지를 간병해야 하니 엄마와 아빠가 자주 병실에서 지냈다. 다른 자식들도 있었지만 할아버지는 엄마를 신뢰했고 엄마 역시 할아버지한테 애정이 깊었다. 9개월의 투병 끝에 할아버지는 돌아가셨다.

 탄탄한 엘리트 코스를 달리던 사람이 겪은 좌절은 여파가 컸다. 소개로 들어간 직장은 눈치를 보다 금세 나오게 되고, 외삼촌이 하던 사업에 잠깐 손을 댔다가 빠지고, 결국에는 주식을 한다고 집에 틀어박혔다. 외삼촌의 사업도 주식도 엄마는 반대했지만 아빠는 완고했고 결국 실패했다. 아빠의 큰 방황이 시작되는 시기였다. 그리고 그 여파는 우리 가족이 고스란히 받았다.

 몇 년은 겨우 버티었지만 할머니 집에 들어갈 때의 집의 상황은 좋지 않았다. 유일한 재산이었던 아파트를 처분하고 그동안 까먹은 돈을 청산하니 남은 것이 별로 없었다. 그 사이 할머니 혼자 사는 집에 도둑이 두 번이나 들어 결국 원치 않은 동거가 다시 시작되었다. 상황이 좋지 않으니 분위기가 좋을 수 없었다. 오빠는 군대를 다녀와 이른 나이에 독립하였다. 집에는 할머니와 아빠, 엄마, 내가 남았다. 돈을 벌지 않는 아빠 대신 엄마가 일을 다니고, 할머니와의 갈등 때문에 엄마가 오빠 집에서 지내기도 했다. 그러다 할머니가 대장암에 걸려서 엄마가 다시 집으로 돌아왔다. 엄마의 간병을 받으면서 잠깐 누그러진 할머니의 성정도 시간이 지나니 다시 고개를 들기 시작했다. 엄마와 아빠가, 할머니와 엄마가, 아빠와 할머니가 싸우는 일이 참 많았다. 그렇게 10년에 가까운 세월을 지나면서, 아빠는 부산에 직장을 구했다. 다시 집에는 할머니와 엄마, 내가 남았다.

경제적인 문제가 해결되니 이번에는 할머니가 문제였다. 처음에는 평소처럼 할머니의 화라고 생각했다. 그런데 조금씩 이상했다. 할머니의 이상을 제일 먼저 알아차린 것은 엄마였다. 미묘한 차이를 다른 식구들한테 말했지만 할머니의 자식들은 별일이 아니라고 치부했다. 원래 우리 엄마는 그렇다는 말로 넘어갔다.

치매가 어려운 것은 본인도 자식도 인정하기 싫어한다는 점이다. 아직 인지가 사라지지 않은 상태에서 아픈 상태라는 자각은 쉽지 않다. 자식들 또한 내 부모가 그렇다고 인정하기 어렵다. 워낙 할머니는 똑똑한 사람이라고 본인도 자식들도 자신했다. 명절 때나 어쩌다 들여다보는 자식들은 더욱더 알아차리기 쉽지 않았다. 그러는 사이 할머니의 시간은 점점 사라져갔다.

할머니의 세계와 마주하기

 할머니는 치매의 'ㅊ'만 들어도 경기를 일으키다시피 했다. 본인이 그런 질병일 리 없다는 확고함이 있었다. 그러나 밤새 안방에서 물건을 정리하고 다음 날 그 물건이 본인이 생각하는 자리에 없으면 방에 도둑이 들었다며 그 도둑으로 엄마를 특정했다. 당시에는 할머니의 말도 안 되는 억지에 엄마와 내가 이성적으로 달래보기도 화를 내기도 했으나 통 듣질 않았다. 심지어 경찰을 부른 적도 있었다. 나중에 진료받고 의사 선생님께 들으니 전형적인 증상 중 하나라고 했다. 보통 한 명의 특정 대상에게 꽂히며 주로 그 대상이 되는 건 며느리가 많다고. 며느리가 아니면 이웃집 아주머니가 되기도 한다는 말에 엄마와 나 둘 다 허탈한 웃음이 터졌다.

 노화가 진행되면서 뇌가 줄어드는 것은 자연스러운 현상이라고 한다. 하지만 병에 걸리면 진행이 빨라지고 줄어드는 면적이 늘어난다. 병원에서 받은 진단은 알츠하

이머였다. 할머니의 뇌 사진을 보니 뇌의 크기가 줄어든 것이 확연히 보였다. 그걸 보니 늙는다는 것을 처음으로 직면한 느낌이었다. 줄어든 뇌는 다시 되돌리기 힘들다. 약은 속도를 늦춰줄 뿐이지 크게 개선해 주지는 못한다. 현재 상황을 받아들이고 지금의 할머니에게 적응해야 한다. 그 과정은 길고 험난했다.

엄마와 나는 맑은 날과 흐린 날로 할머니의 상태를 표현했다. 할머니가 기복이 없고 옛날이야기를 하면서 식사를 잘하시는 날은 맑은 날이었고, 사람과 시선을 마주하지 않고 다른 곳을 바라보며 혼자만의 세계에 빠지는 날은 흐린 날이었다. 흐린 날에는 가끔 소리와 호통을 동반한 천둥과 벼락이 함께 했다.

그나마 다행인 것은 할머니가 다리가 약하고, 집에 있기를 좋아해서 밖으로 혼자 나가시는 날이 거의 없다는 점이다. 치매 환자를 집에서 돌보는 가정의 제일 큰 문제가 혼자 나가시거나 나가셨다 돌아오는 길을 잃어버리는 일이다.

할머니도 어느 시기에는 계속 밖을 나가고 싶어 했다. 밖에 젊은 새댁이 아이 둘을 데리고 자기를 기다리고 있다거나 대문을 열고 나가면 고향 풍경이 있다는 식으로 말했다. 처음에는 오래 걷지 못하실 것을 아니까 만류했다. 그런 만류가 효과가 있었다가도 어느 날은 경을 쳤다. 작전을 바꿔 할머니가 그럴 때 할머니 팔을 잡고 나갔다. 현관문을 열면 자기가 생각한 세상이 있을 거라고 생각한 할머니는 문이 열리면 의아한 표정을 지었다. 그러다 대문을 열고 나가면 괜찮을 거라며 대문 밖으로 길을 재촉했다. 대문이 열려도 할머니가 생각했던 세상은 거기에 없었다. 대문 앞에서 돌아 집에 들어오는 날도 있었고, 저 언덕만 넘으면 된다고 나가는 날도 있었다. 그러면 동네를 한 바퀴 돌다 지쳐 집으로 돌아왔다. 찾는 걸 못 찾아 할머니가 기운 없어 보이다가도 다음 날이면 또 새롭게 리셋이 되어 있을 때도 많았다. 그렇게 알았다. 할머니의 세계는 우리와 다른 곳에 있다고.

아직도 문이 열리면 변하던 할머니의 표정이 생각난다. 대문을 열고 나가면 개천이 있고, 다리를 건너면 된다는 목소리도. 당시에는 밑도 끝도 없이 나가자는 할머니가 참 힘들었다. 나는 할머니가 원하는 곳으로 데려다 줄 수 없었다. 할 수 있는 건 손을 잡고 그곳을 찾아 헤매는 일이었다. 아직도 궁금하다. 할머니는 어디를 그렇게 가고 싶었던 것일까.

미움의 치환

 아이가 태어나고 제일 중요한 일은 먹고 자고 싸는 일이다. 일거수일투족을 살펴야 아이는 살 수 있다. 그렇게 부모가 세상에 적응하는 법을 알려주고 아이는 좀 더 넓은 세계를 향해 뻗어나간다. 노인의 마지막은 딱 그 반대이다. 뻗어나간 세계는 점점 좁아지고 결국 나로 귀결되는 작은 세계에 몸을 담는다. 그 끝이 홀로 온전하면 좋겠지만 길어지는 수명의 세계에서 노인은 처음 세상에 태어난 아이와 같아진다.

 할머니의 세계에 적응하는 몇 년은 말이 통하지 않는 이웃을 마주하는 기분이었다. 익숙하게 인사하지만 어딘가 낯설고, 이야기를 나누지만 각자의 말만 하는 것 같고, 자기 집 앞에 너의 집 쓰레기가 넘어왔으니 치우라고 성을 내는 이웃을 말이다.

 그 시간을 넘어서니 할머니는 대체로 얌전한 누군가가

되어 있었다. 그즈음 집에는 요양보호사 선생님이 오셨다. 하루에 3시간씩 일주일에 5일이 나중에는 3시간 반씩 주 6일이 되었다. 할머니는 원래 사람에 대해 경계가 심하고, 낯선 사람을 좋아하지 않는다. 근래엔 가만히 계신다고 해도 집에 와서 같이 지내는 낯선 사람에 대해 거부반응을 일으키지 않을까 걱정이 되었다. 엄마 또래의 얌전한 인상의 선생님이 오시고 다행히 큰 반응이 없었다. 식사는 아침 일찍 엄마가 챙겨드리고, 선생님께 부탁드리는 것은 정해진 시간 동안 할머니 옆을 지켜봐 드리는 것이었다. 선생님은 할머니 곁에서 조용히 간식을 챙겨 드리고 화장실 갈 때 도움을 주셨다.

오전의 그 시간은 엄마의 숨구멍이 되었다. 원래 엄마는 집보다는 밖에서 활발히 활동하는 타입이다. 할머니를 모시는 동안에도 부지런히 시간을 활용했다. 구에서 하는 문화센터에 다니고, 성당 봉사활동을 하며, 지인들과 짧은 만남도 부지런히 잡았다. 자기의 삶을 끈질기게 유지하는 게 엄마의 버팀목이었다.

가끔 친구들에게 농담처럼 하는 이야기가 있다. 미운

정이 제일 무섭다고. 할머니가 아프기 시작하면서 할머니를 돌보는 건 온전히 엄마의 몫이 되었다. 매해 명절마다 혼자서 장을 보고 음식을 하고 차례상을 차려 내던 엄마와 명절 당일날도 오지 않거나 관광객처럼 시간 맞춰 와서 절만 하고 밥만 먹고 가는 할머니 자식 중에서 할머니를 돌볼 수 있는 건 엄마뿐이었다. 다 큰 어른을 아이처럼 돌보는 힘든 일을 그렇게 모진 시집살이를 겪었으면서도 할머니를 놓지 못하는 엄마를 이해할 수 없었다. 애정이 짙은 자식들은 할머니와 보내는 시간이 더 짧아졌으며, 오지 않는 날들이 길어졌다. 미움이 짙은 엄마는 아픈 할머니와 싸우기도 했지만 잡고 있는 손을 놓지 않았다.

나는 할머니가 아프고 난 후부터 할머니와 잘 지낼 수 있었다. 할머니가 반복해서 하는 옛날이야기에 추임새를 넣어가며 호응해 주고 같은 이야기를 여러 번 들어도 처음 듣는 이야기처럼 들어주었다. 어렸을 때부터 할머니가 너랑 나랑은 궁합이 잘 맞는다고 했었는데 어릴 때는 콧방귀 뀌던 이야기가 할머니가 아프고 나니 진짜가 되었다.

가끔 생각한다. 나는 할머니에 대한 미움과 애정이 적당해서 할머니를 아픈 사람으로 바라볼 수 있지 않았을까 하고. 어떤 날은 소리를 지르는 할머니를 모르는 척하고 어떤 날은 다정히 손을 잡아주었다. 보기 싫어도 안 볼 수 없었고 같이 지내려면 편안해야 했다. 할머니의 기분을 맞춰주는 것은 할머니를 돌보는 엄마가 편해지는 길이기도 했다. 적당한 미움은 적당한 애정으로 치환해서 썼다. 얌전해진 할머니는 그런 나의 애정을 좋아하셨다. 머리를 빗겨드리며 우리 할머니 너무 곱다고 이야기하면 소녀처럼 웃었다. 그런 수줍음이 많은 할머니는 내 기억 속에 없었는데, 수줍음 많고 다정한 할머니가 기억에 새겨졌다.

엄마에게, 요양보호사 선생님에게도 자주 고맙다는 인사를 하셨다. 어느 날은 엄마를 향해 '우리는 지내면서 한 번도 싸운 적이 없지'라고 다정히 얘기하셨다. 일생이 싸움이었는데 그 모든 것이 빗겨나가고 남아 있는 할머니는 엄마를 향해 애정을 발산했다. 어이가 없었지만 싫지는 않았다. 너무 늦은 것 같았지만 늦지 않았다. 할머니의 태도가 또 엄마를 버티게 했다. 할머니에 대해 가지고 있던 미움이 녹아내렸다.

미움의 얼굴

 미움을 짊어지고 산다는 건 어렵고 힘들다. 미움은 여유를 만들기 무섭게 땅따먹기 게임의 말처럼 자리를 차지하고 만다. 나로 살기 힘들게 하고 자꾸만 얼굴을 만들어 낸다.

 내가 할머니에게 적당한 미움과 애정이 있었던 것은 직접적인 미움의 대상이 아니었기 때문이다. 할머니는 자기 핏줄이라면 끌어안는 사람이었다. 자식들의 흠도 끌어안고 살다가 그것이 누적되면 다른 곳으로 폭발하였다. 그런 포화 속에서 제일 많이, 오래 버틴 것은 엄마였다. 할머니의 악의에 어쩔 줄 몰라 하고 아파하던 어린 엄마는 세월을 겪어가면서 할머니의 얼굴을 닮아갔다. 다정하고 순해서 외할아버지의 사랑을 독차지했다는 엄마가 피 한 방울 안 섞인 할머니의 모습을 배웠다. 출구 없는 미로 안에서 둘은 서로를 붙잡고 있었고 나는 지켜보는 사람이었다. 엄마의 그런 모습이 안쓰럽고 슬프고

미웠다. 출구가 없다면 벽을 부수고 나가야 했는데 엄마는 그러지 않았다.

 신기하게도 엄마도 할머니도 나에게 직접적으로 화를 내는 경우는 많이 없었다. 그때의 나는 좀 한심하고 앞길이 보이지 않는 상태였는데 그것에 대해 뭐라고 하는 사람이 없었다. 할머니와 엄마 나, 이렇게 셋이 지내는 공간에서 나는 교집합이 되기도 하고 외따로이 떨어진 섬이 되기도 하였다. 어쩌면 그것이 서로를 버티게 하는 지지대가 되었을지도 모른다.

 용서와 화해의 시작은 어디일까? 불쌍한 존재에 대한 연민일까 지나온 시간에 대한 회한일까 관계에 지친 진저리일까 아니면 변화한 상대방의 태도일까. 시작은 알 수 없다. 정석대로라면 상대방에게 미안하다는 이야기를 들어야 그나마 출발선에 설 수 있지만 바람이 이루어지는 일은 적다. 현실은 수학처럼 1+1=2라고 간단하게 결론 내려지지 않는다. 그래도 밑바탕에는 할머니의 태도가 있었던 것은 사실이다. 나 역시 할머니를 용서하게 된 것은 할머니가 엄마에게 보여주는 다정함이었다. 엄마의 마음이 조금은 따듯해지고 점점 미움의 얼굴을 벗게 되었기 때문이다. 사과의 말은 듣지 못했지만 엄마에 대한 고마움을 직접적으로 표현해 줘서 엄마는 미움에서 벗어날 수 있었다. 뒤늦게야 이러는 할머니가 치사하다고 할머니가 온전하셨을 때 해주었으면 하는 마음이 들었지만 그 마음은 흘려보냈다. 어떤 미움의 얼굴을 지우는 것은 당사자인 할머니가 아니었으면 힘든 일이었기 때문이다.

할아버지와 벽난로

'함경도 길주군 동해면 용원리 119'

할아버지의 또 다른 집이자, 한평생 마음에 품고 사셨던 곳이다. 증조할아버지는 함경도 길주에서 큰 양복점을 하셨다. 직원이 스무 명 가까이 되었다니 작지 않은 규모였던 것 같다. 그 덕에 할아버지는 어린 나이에 서울로 유학을 와서 중, 고등학교를 나오셨다. 학교에 다니면서도 집에서 전갈이 오면 옷감을 사서 길주로 보내는 일을 도맡아 하셨는데 그 덕인지 옷을 참 좋아하는 멋쟁이셨다. 내가 깔끔하고 단정한 차림새의 상대를 좋아하게 된 것도 아마 할아버지가 준 영향일 것이다.

이른 나이에 가정을 꾸려 일남이녀의 자식이 있었던 할아버지는 전쟁의 여파를 받았다. 전쟁이 발발하고 징집을 피해 홀로 월남하신 할아버지는 다시 집으로 돌아가지 못하셨다. 같이 내려왔으면 좋았을 텐데 막내가 갓 태어난지라 함께 할 수 없었다고 한다. 38선이 그어진 후, 고향으로 돌아가는 꿈이 꺾이고 남쪽에서 고등학교 선생님으로 일할 때 할머니를 만났다. 할머니보다 8살 어린 이모할머니가 그 당시 할아버지의 제자였다. 주변의 소개로 만나 결혼을 약속했는데 복병이 있었다. 같은 성을 가진 두 분이 동성동본이었다. 지금은 폐지되었지만 당시 동성동본의 혼인은 되지 않았다. 궁여지책으로 할아버지가 할머니의 호적을 바꿔 신고해 결혼에 이르렀다. 이것은 평생 할머니의 불만이 되었다. 엄마와 내가 우리 집 식구를 흉볼 때 똑같은 충주 김가끼리 만나서 이렇게 고단한 거라고 할 만큼 성격이 강한 두 분이었지만, 서울로 올라와 네 명의 자식을 낳고 아옹다옹 살았다.

내가 어릴 때 우리 집에서 제일 멋있는 사람은 단연코 할아버지였다. 6인용 식탁에 앉으면 상석인 할아버지와 마주 보고 앉는 사람이 나였다. 나는 할아버지를 보고 앉는 게 좋았는데 할아버지 눈에는 몸이 약했던 장손보다 씩씩한 동생이 더 크게 보였나 보다. 남녀 차별보다는 첫째가 잘 돼야 한다는 장유유서에 유별났던 할아버지가 엄마한테 수민이는 공부 잘 안 해도 된다는 무지막지한

발언을 남기기도 했지만, 실속파 손녀에게 아무도 몰래 동전을 모은 저금통을 주던 것도 할아버지였다. (엄마의 증언으로는 기가 센 할머니의 모습과 겹쳐 보여 그런 것이라고 한다.)

우리 집은 방과 주방을 제외한 곳은 난방이 되지 않았다. 대신 1층 거실에 벽난로가 있었다. 우리 집과 나란한 옆의 두 집은 같은 사장님이 동시에 지었다. 사장님의 취향인지 건축주의 요구인지는 모르지만 세 집 다 공통으로 굴뚝과 벽난로가 있었다. 주택 특유의 썰렁함이 있었기에 한여름을 제외하고는 벽난로를 자주 때었다. 어린 시절에 제일 재미있는 게 불장난인지라 벽난로에 불을 때면 앞에서 떨어질 줄을 몰랐다. 철 지난 잡지를 한 권 가져와서 불 위에 엎어놓으면 종이가 한 장씩 말려 올려가 붉은빛을 빛내며 타오르다 회색의 재가 되어 굴뚝 안으로 사라졌다. 살랑살랑 흔들리는 불길로 금세 공기가 훈훈해졌다.

거실은 할아버지의 영역이었기에 벽난로를 피울 때는 할아버지가 있었다. 일하면서 술을 배우셔서 집에서도 좋아하는 술을 한 잔씩 드시는 게 할아버지의 낙이었다. 거실에서 놀던 나에게 빈 잔을 내밀면 그것은 주방에 가서 오렌지 주스를 따라오라는 신호였다. 유리잔 사분의 일 정도를 주스로 채워 할아버지한테 가면 빙긋 웃으며 머리를 쓰다듬어 주었다. 주스 위로 술이 섞이고 그 잔은 곧 할아버지 안을 채웠다.

할아버지의 수첩

　할아버지에 대한 기억은 홀로 선명한 것도 있지만 구전인 것이 더 많다. 아빠가 자라던 시절 할아버지의 이야기나 내가 어렸을 때의 일화는 할아버지가 어떤 사람이었나를 알게 해줬다. 아들 셋, 딸 하나의 아버지였던 할아버지는 엄청난 깔끔쟁이였다. 놀이터에서 친구들과 놀다가 귀가하면 흙먼지 구덩이에서 구르고 왔다고 혼나는 일이 비일비재했다고 한다. 북풍한설이 부는 한 겨울에도 새벽부터 창문을 활짝 열어 환기해야 했고, 뭐 하나라도 떨어져 있으면 빗자루질하고, 키우는 난 화분을 잎 하나하나 닦는 부지런한 성격이었다. 아들 셋을 목욕탕에 데려가 등을 밀고 씻기는 것도 할아버지의 주된 업무였다. 우리 네 식구가 따로 나가 살 때 가끔 할아버지가 오빠와 나를 보러 오시는 일이 있었다. 할아버지와 전화할 때면 고기를 안 먹은 지 오래라고 뻥치는 육식주의자 오빠 덕분에 주로 약속 장소는 근처 백화점이었다. 그러면 꼭 엄마에게 애들 깨끗이 씻겨서 옷도 깔끔하게 입혀 나오란 얘기를 잊지 않으셨다. 할아버지의 이런 노고에도 불구하고 아빠는 깨끗함의 영역에서 조금 떨어진 수더분한 아저씨가 되었는데 그건 할아버지 할머니(할머니도 한 깔끔쟁이였다)의 유난이 만든 거라며 자신을 변호했다. 나는 깔끔한 사람을 좋아한 덕에 가끔 할아버지가 생각나는 동거인을 만났다. 잔소리를 종종 들을 때마다 이것은 데자뷔인가 싶다.

할아버지는 사립학교 재단에서 70세까지 일을 하셨다. 은퇴하고 이제 건강을 챙기겠다는 마음으로 평생 좋아하던 담배와 커피믹스를 단칼에 끊으셨다. 담배를 한 번에 끊는 사람과는 상종도 하지 말라는 얘기가 있을 정도인데, 그만큼 해야겠다는 마음이 들면 실천에 옮기는 독한 구석이 있었다. 하지만 그 노력이 무색하게 은퇴한 지 1년도 안 되어서 식도암이 발병하셨다. 찌개나 국은 항상 팔팔 끓는 것을, 커피도 제일 뜨겁게를 선호하던 식습관과 즐겨하시던 담배와 술이 모두 합쳐진 결과였다.

집을 정리하면서 할아버지의 수첩을 찾았다. 투병을 하시던 1996년의 수첩이다. 그곳에는 내가 미처 모르던 할아버지가 있었다. 수첩의 날개에는 한문으로 적힌 할아버지의 명함과 증명사진, 자식들의 명함, 당시의 로또였던 주택복권 6장이 있었다. 기록을 살피고 복권 날짜를 보니 할아버지가 병원에서 검진받은 주의 복권이었다. 조직검사를 하고 암일지 걱정되는 마음이 수첩에 적혀있었다. 그 불안감이 할아버지에게 복권을 사게 한 것이리라. 직전까지 일정과 가벼운 소회가 적혀있던 수첩이 이후로는 투병의 기록이 되었다. 아프다, 불편하다, 힘들다는 다른 사람 앞에서 하지 못하는 세세한 이야기가 적혀있었다. 돌아가시기 4개월 전까지 기록하셨는데 마지막 메모가 빨리 이생을 마치고 고통이 끝나길 바라는 마음이어서 보는 내내 눈물이 났다.

할아버지는 북에 두고 온 가족에 대해 언급하는 일이 거의 없었다. 부모 형제 아내 자식 모두 두고 혼자만 내려와 새롭게 꾸린 가족에게 최선을 다했다. 하지만 그 마음속은 오죽했을까. 엄마가 혼자 할아버지 병실을 지키던 날, 장손이고 아기 때 너무 예뻐서 할아버지의 사랑을 독차지했던 오빠를 빗대 '그때 현준이보다 북에서 떠나올 때 갓 태어난 막내가 더 예뻤다'는 한마디가 할아버지의 응어리를 드러내는 한마디였다.

 할아버지를 생각하면 그리움의 감정이 떠오른다. 무작정 나를 사랑해 주던 존재가 그립다. 한 인간으로서 열심히 살아왔지만, 한쪽에 가슴 아픈 응어리를 지고 살아야 했던 할아버지가 안타깝다. 인생의 마무리를 해야 할 시점에 찾아온 병마와 싸우느라 고통이 가득한 마지막을 보낸 것이 가슴 아프다.

 할아버지가 돌아가실 때 그토록 예뻐했던 오빠의 손을 놓고 마지막에는 내 손을 잡으셨다. 왜인지는 모르겠다. 할아버지가 아프지 않으시고 우리와 좀 더 많은 시간을 보냈으면 좋았을 텐데 하는 아쉬움만 마음속에 남는다.

아빠의 수학책

아빠는 수학을 좋아한다. 내 주위 통틀어서 취미가 수학인 사람은 아빠가 유일하다. 원래는 공대에 가고 싶어 했으나 할아버지의 반대로 무산되어 무난한 경영학과에 진학하였다. 아빠의 책장에는 내 나이와 똑같은 시간을 보낸 빨간색 수학책이 있다. 내가 태어나던 해에 아빠가 전역을 했는데 그날 집으로 돌아오는 길에 산 책이라고 한다. 미국 어느 대학의 수학과 기본서라고 했던 그 책은 아직도 아빠 책장에 손때 가득히 꽂혀 있다. 영어도 싫어하고 수학도 싫어하는 딸은 이해할 수 없는 광경이었지만 아빠는 2층 서재에서 수학책을 자주 펼쳐봤다. 책에 골몰하는 날이면 담배 연기도 자욱이 퍼지기에 담배 좀 그만 태우라는 나의 잔소리가 이어졌다.

내가 어렸을 때 아빠는 회사 일로 외국에서 많이 지냈다. 사우디에서의 몇 년, 러시아에서의 몇 년을 지나 아빠와 제대로 같이 산 것은 6학년 때부터였다. 7살 때 본가에서 쫓겨나 우리끼리만 살 때였다. 러시아(당시에는 소련이라 불리는)에서 일하던 아빠가 구안와사가 와서 서둘러 귀국했고 치료를 받으며 나아졌다.

어릴 때부터 같이 시간을 보냈으면 덜 그랬을지도 모르지만, 어느 정도 머리가 크고 나서 아빠와 지내다 보니 트러블이 잦았다. 나의 청소년기는 아빠와의 싸움이었다. 오빠는 싸움을 피하는 스타일이었지만 나는 아빠의 보수성이 이해되지 않아서 부딪치는 일이 잦았다. 화가 난 아빠가 식탁에서 반찬이 든 접시를 엎어도 그 앞에서 꼿꼿이 젓가락질하며 태연하게 식사했다. 아빠가 결국 화를 참지 못해 따귀를 때려도 잘못했다 빌지 않았다. 옆에서 말리는 엄마와 오빠는 애가 닳았지만 꺾이지 않았다. 받은 만큼 돌려주는 고약한 성미가 내게도 있었기에 주변을 생각하지 않고 서로 상처 입히다가 시간이 지나면서 보이지 않는 불가침 조약이 맺어졌다.

내가 고등학교에 갈 무렵, 아빠는 회사에서 나오게 되고 하는 일이 제대로 되지 않았다. 엘리트 코스만 달리던 사람이 생전 처음으로 좌절을 겪었다. 몇 년을 버티다 나의 대학 입학이 결정되면서 결국 유일한 재산인 집을 팔고 할머니 혼자 계신 본가로 들어갔다. 집안의 분위기는 더 안 좋아졌다. 집이 지겨운 오빠는 일찌감치 독립하고 집으로 돌아오는 날이 적었다. 아빠와 엄마는 잘 지내다가도 다툼의 시기가 자주 돌아왔다. 내 방에서 언성이 높아지는 소리가 들리면 귀를 기울이다 2층으로 올라가는 날이 잦았다. 전적으로 엄마 편이던 어린 시절은 지나갔기에 이 싸움의 원인이 절대적으로 아빠라는 생각은 더 이상 하지 않았다.(물론 아빠의 지분은 컸다.) 그래서 적절한 시점에 개입해서 말리는 것이 내 일이었다. 매서운 말들이 오가고, 이제는 싸움을 말리는 사람의 입장이 되면서 도돌이표 같은 일들이 참 지겨웠다. 어느 날인가 울분에 섞인 아빠의 목소리에 사랑한다는 요지의 이야기를 했던가. 신기하게도 내 입에서 처음 나온 그 말에 아빠는 감정을 누그러트렸다. 그래서 알았다. 아빠도 외로웠다는 것을. 잘해보고 싶었다는 것을. 길을 잃은 사람이라 길을 찾지 못해 그랬다는 것을.

본가로 다시 돌아와 보낸 오랜 시간은 서로 힘들었다. 모두 각자의 방에 틀어박혀 서로의 얼굴을 살피지 않았다. 밥을 같이 먹는 식사 시간은 언제 도화선이 터질지 모를 전장이어서 싫었다. 방에서 TV를 보며 혼자 먹는 밥이 더 마음이 편했다.

아빠는 밤새 수학책을 보는 날이 많았다. 자기만의 언어를 가진 수학에 매달리는 이유가 무엇이었을까. 가족과의 소통은 뒤로한 채 아빠는 어디를 바라보고 있던 것일까. 수학에 몰두하는 아빠는 이해하며 성취감을 얻기보다는 저 멀리 보이는 신기루를 쫓아 달리는 사람이었다. 아빠의 목표는 어느 순간 7대 난제의 증명이 되었다.

Millennium Prize Problems는 오랫동안 풀 수 없지만 가장 기본적이고 중요한 수학 문제 7개이다. 하버드 대학교 출신 수학자들이 설립한 미국의 클레이 수학 연구소에서 공식적으로 현상금을 걸고 진행한다. 문제 하나당 백만 불의 상금이 걸려있고 기간 제한이 없다. 문제를 풀고 국제 학술지에 게재한 후 2년 동안의 검증 과정을 거치고 오류가 없다고 판단되면 현상금을 지급하게 된다. 7대 난제는 리만 가설, P 대 NP 문제, 푸앵카레 정리, 호지 추측, 내비어-스톡스 방정식, 양-밀스 이론과

질량 간극 가설, 버츠와 스위너톤-다이어 추측인데 이름만 들어도 생소한 분야였다. 아빠가 아니었으면 알지 못했을 것이다.

처음 그 이야기를 들었을 때는 꽤 당황스러웠던 것 같다. 세계의 난다 긴다 하는 석학들도 증명하지 못한 문제를 아마추어 수학자가 풀겠다고 덤비는 것이 말도 안 되는 이야기 같았다. 그래도 아무것도 하지 않는 것보다는 나았다. 아빠의 수학은 가족 내에서 묵인되었다.

아빠는 상당히 진지했다. A4 용지에 도형을 그리고 알아보기 힘든 수식을 열심히 적었다. 처음에는 저널에 손으로 적은 페이퍼를 제출해서 바로 반려당했다. 아무도 수학의 증명을 손으로 적어내지 않는데 그것조차도 아빠는 몰랐던 것이다. 제대로 된 형식을 다시 공부해서 페이퍼를 냈다. 총 세 번의 제출이 이뤄졌고 마지막 승인 거절 메일을 받고 아빠의 도전은 끝이 났다.

아빠는 첫 번째 페이퍼를 제출하고 프린트를 해서 한 부를 나에게 줬다. 이제는 아빠도 아마추어의 치기라고 자평하지만, 그때 당시 아빠의 메모를 보면 성공에 대한 갈망이 보인다. 논문을 보낸 저널에서 접수 확인 메일에 Dear Professor Kim이라는 답신이 왔다며 신나 하던 아빠의 얼굴이 생각난다. 지금 와서 생각해 보면 교수라고 지칭해 주는 의례적인 답신에도 아빠는 누군가의 인정을 받은 것 같은 기분이었나 보다.

아빠의 도전은 할아버지 수첩 속에 꽂혀 있던 주택복권이 생각난다. 앞이 보이지 않는 상황에서 바라게 되는 신기루 같은 기대. 희망이 절실했던 시절, 자존심을 지키고 가족을 돌보게 되는 결말을 바라는 아빠가 그려진다. 당시에 아빠의 마음은 보이지 않았다. 힘든 상황이 변하지 않으니 이해가 개입할 여지가 없었다. 시간이 흘러서 이제는 각자의 삶을 살게 되고 여유가 생겼다. 그래서 생각한다. 누군가에게는 길을 잃고 헤매는 것으로 보이는 시간이 아빠 자신에게는 먼 길을 돌아 나오는 과정이 아니었을까.

아직도 아빠는 수학을 좋아한다. 열심히 책을 펼쳐보고 수학계의 이슈가 나오면 새로운 기사를 찾아 탐독한다. 아빠가 좋아하는 일로 이루고자 했던 미래는 오지 않았다. 하지만 그것은 그것대로 되었다.

할머니와 나의 시간, 하나

 엄마와 할머니와 내가 집에 있던 무렵, 엄마는 가끔 지인들과 하는 고문화 답사 여행을 갈 때가 있다. 보통 1박 2일의 일정이고 가끔은 2박 3일을 갈 때도 있다. 활동적이고 사람을 좋아하며 배우기를 좋아하는 엄마라서 할머니 간병에 매인 몸이 참 답답했을 것이다. 일정이 나오면 엄마는 나에게 조심스럽게 부탁한다. 엄마한테 충전이 되는 시간이기에 웬만하면 나도 시간을 맞춘다.

 할머니와 둘이 보내는 시간은 대체로 조용하다. 휴일이면 요양보호사 선생님도 오시지 않기에 할머니의 세 끼를 챙기고 화장실과 잠자리를 챙기는 것이 주 업무이다. 식사는 부지런한 엄마가 준비해 두고 가서 음식을 데우고 차리는 정도이다.

 새벽같이 나간 엄마 대신 아침 7시가 되면 할머니 방의 문을 연다. 우리 집에서 제일 따뜻하고 볕이 잘 드는 방이라 보통 그 시간에도 방이 밝다. 할머니 침상 곁으로 다가가 얼굴을 보며 기상 여부를 살핀다. 곤히 주무시고 계실 때는 잠시 뒤에 다시 내려오고 깨어 계실 때는 인사를 한다. 얼굴을 보면 간밤에 잘 주무셨는지 잠을 설쳤는지 알 수 있다. 할머니의 약 중 저녁에 먹는 신경안정제는 깊은 잠을 주기도 하지만 가끔은 밤새 잠을 깨우기도 하는 것 같다. 대개 잠을 푹 주무신 날은 할머니의 컨디션이 맑은 날이다. 그런 날은 나의 인사에 대답도 잘하시고 식사도 잘하신다. 잠을 못 잔 날은 식사할 때 집중을 못하고 먹는 시간도 한참 걸린다.

밥을 챙기는 일이 제일 중요한 업무이기에 할머니의 컨디션이 중요하다. 몸을 일으켜 앉힌 다음 넘어지지 않게 쿠션을 쌓아 등을 기댄다. 따뜻한 물을 한 모금 드리고 립서비스를 시작한다. 할머니는 언제나 손이 따뜻한데 수족냉증인 내 손이 닿으면 차갑다며 슬며시 손을 뺐다. 그래서 손이 살에 닿지 않게 조심히 팔다리를 주무르고 머리를 빗으며 오늘은 왜 이리 예쁘냐는 이야기를 시작한다. 우리 동네 할머니 중에서 할머니가 인물이 제일 곱네부터 이제는 검은 머리가 다시 나기 시작하는 것 같다며 뒤에서 누가 아가씨인 줄 알고 쫓아오겠다는 실없는 농을 재차 던지면 할머니가 웃는다. 수줍게 웃으며 진짜로 그러냐고 하면 그럼그럼하고 추임새를 넣는다. 식전 행사 뒤에는 미리 데워 온 식사를 부지런히 할머니 입 앞으로 나른다. 기분이 좋아진 할머니는 어미 새에게 먹이를 받아먹는 아기 새처럼 오물오물 열심히 삼킨다. 가끔 음식의 질긴 부분은 삼키지 않고 끝까지 씹으실 때가 있어서 할머니의 입에 시선이 집중된다. 오디오가 비지 않게 음식 이야기를 하거나 날씨 이야기를 계속 던진다. 할머니에게 하는 이야기는 거의 레파토리처럼 짜인 비슷비슷한 이야기지만 할머니가 매일 새롭다는 듯이 듣기에 나 역시 처음 하는 이야기처럼 빗어낸다. 할머니가 음식을 씹고 삼키는 시간은 길어서 식사 시간 30분이면 성공이다. 가끔은 한 시간에 가까울 때도 있어서 아이에게 밥을 먹이느라 힘들다는 친구들의 고충이 때때로 떠오른다.

아침 식사를 하고 혈압약을 드린 뒤 잠시 소화하는 시간을 가진다. 잠깐 앉아 계시다가 눕고 싶다는 표현을 하면 할머니를 눕혀 드리고 이불을 덮는다. 다 먹은 그릇을 설거지하고 오면 할머니는 다시 눈을 감고 자기만의 세계에 들어간다. 할머니가 좋아하는 찬송가를 작게 틀어드리기도 하고 조용히 책을 보면서 곁을 지키거나 내 방에 올라가 있기도 한다. 아무도 말하는 사람이 없는 집은 고요하다.

할머니와 나의 시간, 둘

 결혼하고 독립한 자녀가 되니 엄마가 할머니를 부탁하는 날은 드문드문 이어졌다. 매일 할머니를 보다가 거리와 시간이 멀어지니 마주할 때면 할머니의 변화가 보였다. 가동 범위가 줄어들고 이야기에 호응하는 시간이 적어지고 식사 시간을 제외한 대부분의 시간에 누워있는 할머니를 보았다. 이전에는 할머니의 정신적인 시간이 사라진다고 느꼈다면 이제는 할머니의 물리적인 시간이 사라지고 있었다. 할머니는 조금 더 작아지고 조금 더 멀어졌다. 그래서 나는 더 목소리를 키워 "할머니, 목소리 큰 시끄러운 손녀 왔어. 오늘은 잘 계셨어?"라고 부산스러운 인사를 건넸다. 목소리가 할머니에게 닿아 잠시라도 마주하기 위해서.

 세상에서 제일 지독한 것은 정이다. 그것도 미운 정. 할머니가 밉던 시절, 할머니만 없다면 우리 가족은 괜찮을 거라고 할머니가 사라지기를 바랐던 순간이 지나고 지독한 시간이 찾아왔다. 그저 상대가 안쓰러워 보이는 어쩔 수 없는 시간. 생명의 연약함을 목도하는 순간. 누워있는 할머니를 보면서 제일 많이 한 생각은 '무슨 의미가 있을까'였다. 무엇도 할 수 없는 순간이, 세상의 경계 밖에서 지내는 것 같은 시간이 할머니에게는 어떤 의미가 있을까. 할머니의 옆을 지키는 날은 그런 의문이 머릿속을 떠다녔다. 내 집으로 돌아가면 잠시 접어둘 수 있는 질문이 할머니 옆에서는 계속 펼쳐졌다.

생명은 연약하지만 또 끈질기기도 하다. 엄마와 '그래도 할머니 입맛이 사라지지 않아서 다행'이라는 이야기를 많이 했다. 할머니는 대체로 잘 드셨다. 감기 같은 잔병치레도 거의 없었다. 코로나가 덮친 시절도 무사히 넘겼다. 그 무렵 아빠 형제들 사이에 실랑이가 생겨서 할머니를 요양병원에 모시자는 이야기가 나왔는데 엄마의 반대와 이모할머니의 중재로 다행히 넘어갔다. 얼마 뒤 요양병원에서 코로나 환자들이 쏟아져 나오고 돌아가신 분들이 많이 나온 것을 보면서 할머니의 운에 감탄했다. 공부에 진심이었던 할머니는 한때 사주 공부도 열심이었는데 본인의 사주에는 천수가 꼈다며 오래 살 것이라는 이야기를 했었다. 그 덕분인지 모르겠지만 할머니의 마지막 여정은 안전한 울타리 안에서 이뤄졌다.

나는 할머니를 많이 닮았다. 식성이 똑같고 집에 혼자 있는 것을 좋아하는 성미도 똑같다. 한번 고집을 부리면 꺾이지 않는 면도 닮았다. 과일을 좋아하는 할머니 덕분에 어려서부터 과일이라는 과일은 다 먹으면서 자랐다. 어릴 때는 집에 있는 여러 과일을 믹서기에 돌려 주스를 만들어 먹었다. 엄청 맛있었던 과일 주스의 비법은 할머니가 마지막에 넣는 요구르트였다. 엄마는 시집을 와서 처음 음식을 배웠다. 깐깐한 할머니는 옆에 자를 놓고 일정하게 재료를 써는 것부터 가르쳤다고 한다. 할머니가 만들었던 음식의 맛은 그대로 엄마의 음식에 녹아들었다. 엄마의 음식이 곧 할머니의 음식이었다. 그리고 내가 엄마에게 배운 음식도 할머니의 맛이 났다.

2021년 6월. 아빠는 오랜 부산 생활을 정리하고 서울로 돌아오기로 했다. 이사에 앞서 짐 정리를 위해서 엄마가 부산에 내려갔다. 엄마를 대신해 내가 집에 있기로 했다.

할머니가 제일 좋아하는 과일은 복숭아였다. 이모할머니의 말에 의하면 어려서는 앉은 자리에서 복숭아를 열 개도 넘게 해치웠다고 했다. 6월이라 아직 복숭아 철이 시작되지 않았는데 마침 첫 복숭아가 나왔다. 신비 복숭아라는 품종은 생김새는 천도복숭아였지만 맛은 잘 익은 백도 복숭아 맛이 났다. 안 그래도 할머니가 예전보다 식사를 잘 못하신다는 이야기를 들어서 복숭아 봉지를 손에 들고 집에 갔다. 수저로 복숭아 과육을 잘 긁어서 할머니 입 앞에 갔다 대니 졸린 할머니 눈이 번쩍 뜨였다. 맛있다는 이야기를 연발하며 복숭아를 드셨다. 그것이 나와 할머니가 보낸 마지막 시간의 기억이다.

새벽 다섯 시, 전화

 깊은 잠 너머로 진동이 들린다. 진동의 끝자락에 눈을 뜨니 부재중 전화가 한 통. 화면을 보는 사이 카카오톡 알림창이 뜬다. '수민아 할머니 돌아가셨어' 며칠 전 봤던 할머니의 얼굴이 지나간다. 결국 그날이 왔구나.

 엄마와의 짧은 통화 후, 남편을 깨우고 상황을 알렸다. 씻고 채비를 하고 집으로 향했다. 집에 도착하니 엄마는 경찰서에 갔고 아빠는 2층 서재에서 담배를 태우고 있다. 집에서 사람이 죽으면 경찰과 의사가 와야 한다고 한다. 와서 이상이 없는 죽음인지 의사의 검안 절차가 있어야 장례를 준비할 수 있다. 경찰이 도착하자마자 엄마에게 물은 첫 질문이 고인에게 보험이 있느냐였다. 가족을 잃은 이에게는 황망한 질문이다. 조금은 섬세해도 좋겠지만 세상은 흉흉한 일 천지이고 그것을 확인하는 것은 경찰의 일이니 잘 답해주어야 한다.

내가 도착했을 때는 이미 경찰과 의사가 다녀가고 엄마는 확인서를 받으러 경찰서에 간 사이였다. 혼자서 할머니와 인사를 하기 위해 할머니 방으로 들어갔다. 아침을 드시라고 문을 열고 들어가면 보이던 풍경 그대로이다. 다만 할머니 얼굴 위로 이불이 덮여 있을 뿐이었다. 이불을 살며시 걷어 할머니 얼굴을 보았다. 눈을 감고 잠든 얼굴이다. 손을 뻗어 얼굴을 만지니 아직도 따뜻하다. 시간이 지난 터라 차가운 감촉을 예상했는데 평소처럼 할머니가 따뜻하다. 아직 할머니가 세상을 떠난 것 같지 않다. 차가운 내 손이 닿으면 손이 왜 이렇게 차냐고 묻던 얼굴이 생각난다. 나중에는 차다면서 슬그머니 자기 손을 빼던 것도 생각난다. 움직이지 않는 얼굴을 계속 바라보고 있으니 할머니의 몸에서 무언가 중요한 것이 빠져나갔다는 느낌이 든다. 하지만 따뜻한 온기가 아직은 할머니가 길을 떠나지 않고 주변을 맴돌고 있다고 느끼게 한다. 할머니에게 마지막 인사를 전한다. 할머니 고생했어. 이젠 아프지 말고 지내. 정말 고생했어. 인사를 하며 엄마를 기다리는 동안 할머니 옷을 갈아입혔다. 깨끗하고 화사한 옷을 입혀드리고 할머니의 온기가 아직은 식지 않기를 바라면서 이불을 다시 덮여드렸다.

아빠가 부산에서 일을 정리하고 돌아온 지 얼마 되지 않았는데 마치 그때만 기다린 것처럼 할머니는 날을 잡았다. 돌아가시기 전날 평소에 나지 않던 열이 나서 엄마가 긴장했었는데 그것 또한 자신이 떠난다는 알림이었다. 밤새 들여다보던 엄마 덕분에 할머니의 임종은 아빠와 엄마가 볼 수 있었다. 자신을 돌본 이에게 한 톨의 여한도 남기지 않겠다는 치밀함인가 싶었다. 나와의 마지막 시간도 할머니가 제일 좋아하는 복숭아를 맛있게 드시던 모습이었다. 요즘 입맛이 없으셔서 걱정이라는 엄마의 말에 역시 새로운 걸 드리면 좋아한다고 이야기하던 것이 눈에 선하다.

추위에 강한 할아버지는 한겨울에, 더위에 강한 할머니는 여름의 시작점에 날을 잡은 것도 본인의 성향대로 가시는구나 라고 생각했다. 할머니를 태울 차가 오고 엄마와 아빠가 짐을 챙겨 떠났다. 마지막 문단속을 하고 나오는데 이 집의 주인이 이제 없어졌다는 생각이 들었다. 이 자리에서 보낸 할머니의 시간만큼 함께했던 집 역시도 주인을 잃어 슬프겠구나. 누군가 들을지 모르겠지만 마음속으로 인사를 했다. 잘 보내드리고 올게.

장례식장

 할아버지 장례를 지냈던 곳에서 할머니 장례식도 치르게 되었다. 할아버지 장례식은 20년도 더 지난 일이지만 어렴풋이 기억 안에 자리 잡고 있는 장면들이 있다. 71살의 이른 나이였기에 장례식장에는 할아버지의 지인과 활동적인 경제 인구인 자식들의 손님까지 참 사람이 많았다. 조문을 받는 동안은 정신없이 손님을 치르고, 발인 때는 할아버지 성격을 닮은 매서운 날씨 탓에 추워서 정신없던 기억이 난다.

 할머니의 장례는 본의 아니게 조용히 치러야 하는 상황이었다. 당시에 코로나가 심해지던 시기라 장례식장의 지침 역시 강화되었다. 할머니가 돌아가신 당일만 외부 손님을 제한 인원 안에서 받을 수 있고, 이튿날부터는 가족관계증명서에 기재된 식구끼리만 장례를 치를 수 있었다. 바뀐 지침에 장례식장도 정신이 없었다. 가족들에게는 직계들의 표시가 되도록 서류를 떼어오라고 하고 오전에는 장례식을 준비하기에 바빴다. 할머니의 자식들이 도착하고 그들의 가족들이 왔다. 반가운 사람도 있었지만 불편한 사람이 더 많았다. 할머니를 모시는 동안 각자의 사정을 주장하는 바람에 갈등은 깊어지고 좋았던 관계가 깨지기도 했다. 껄끄러운 사이래도 할머니는 오랜만에 얼굴을 보는 가족들이 반가울 테니 할머니와의 마지막 인사를 잘하도록 하는 게 먼저였다.

부모님은 할머니의 임종을 보았고 나 역시 할머니의 마지막 얼굴을 보았다. 다른 가족들은 그 얼굴을 보지 못한 채 장례식을 준비했다. 얼굴을 보지 않고 지내도 세상 어딘가에는 그 사람이 존재한다는 감각이 이제는 사라진 것이다. 마음으로는 오랜 시간 준비를 했다고 해도 막상 존재가 사라진 그 자리는 거침없이 슬프다.

할머니가 나에게 남긴 것은 복숭아를 맛있게 먹던 얼굴과 따뜻함이 사라지지 않은 마지막 인사였기에 나는 괜찮을 수 있었다. 할머니와 보낸 시간은 나에게 미움을 거두고 애틋하고 안쓰러운 순간들을 남겼다. 그래서 아쉬움이 없었다. 할머니가 나에게 남긴 선물이었다.

장례를 조용히 치르기로 했지만 첫째 날은 알음알음 손님들이 제법 찾아왔다. 아빠의 오랜 동네 친구들은 한쪽에서 자리해 고요했던 장례식장에 모처럼 활기를 넣어주었다. 우리뿐 아니라 다른 상갓집도 참 조용했는데 코로나라는 새로운 환경이 빚어낸 풍경이었다. 할머니의 형제 중에서는 이제 막내인 이모할머니만 남으셨다. 할머니를 모시는 동안 엄마에게 여러모로 힘이 되어주시고 가족들에게 큰 도움을 주셔서 참 감사했다. 장례식장에 오신 이모할머니를 뵈니 예전에는 미처 몰랐지만 할머니를 많이 닮았다는 생각이 들었다. 성격도 외형도 다른 형제가 마지막으로 갈수록 비슷해진다니 신기한 일이다.

사람이 사라진다는 것은 풍경이 사라지는 일이다. 각자의 기억에는 나의 시절과 그의 시절이 있다. 삶을 살아가면서 풍요롭게 펼쳐진 각각의 풍경들이 어느 순간부터 하나씩 지워져 가는 것이 삶이다. 이미 할머니를 기억하는 부모와 배우자, 형제가 사라졌고 이모할머니가 할머니 세대의 마지막이다. 할머니의 어린 시절을 기억하는 사람은 이제 한 명뿐이다. 할머니가 그토록 찾았던 대문 밖 고향의 모습을 알 수 있는 사람은 이제 얼마 남지 않았다.

 혈연이란 것은 무엇일까. 같은 피가 흐른다는 말은 비슷한 유전학적 정보를 가진 개체일 가능성이 높다는 것이 아닌가. 비슷하기에 좋아하고 비슷하기에 싫어한다. 그에 더해 시간과 공간을 나눈 기억의 존재로, 타인보다는 조금 더 깊은 감정의 진폭을 공유하는 것이다.

 장례식장의 두 번째 날은 조용했다. 전날 밤 대구에서 올라온 작은 삼촌이 식장에 딸린 방에서 밤을 보내기로 하고 다른 가족들은 아침에 다시 모였다. 3일 내내 장례식장을 벗어나지 않았던 할아버지 때와는 많이 변한 점이었다. 아침 8시 장례식장에 모인 식구들은 식사를 같이했다. 그간 다 같이 모일 일이 잘 없었기에 한 식탁에 앉은 것은 오랜만이었다. 전날은 각자의 손님들이 있었고 이야기할 정신이 없었다. 오랜만에 만난 사이가 그렇듯 어색한 대화가 오갔다. 이미 많은 시간 동안 서로를 향한 감정은 상할 대로 상했다. 해묵은 감정이 떠다니는 공간에서 어떨 때는 웃었고 어떨 때는 울었다. 날카로움이 헤엄치다 가라앉고 어떤 감정은 떠나보내기로 했다.

아마도 이렇게 서로를 마주할 일은 이제 거의 없을 것이다. 그렇기에 어떤 마음은 정리가 필요했다. 엄마와 아빠, 나는 아쉬움은 없었다. 우리는 할 수 있는 걸 다 했으니까. 하지만 다른 이들은 아쉬움을 챙겨 넣었다. 그건 어쩔 수 없는 본인의 몫이니까.

할머니의 입관식도 중간에 진행되었다. 염을 하는 과정은 참관을 생략했다. 식도암으로 돌아가신 할아버지 장례 때 염을 하는 것을 보는 것은 힘들다는 깨달음이 있었다. 빼빼 마르고 생의 기운이 사라진 사람을 마주하는 것은 내가 알던 존재를 눈앞에서 지우는 경험이 되기도 했다. 그렇기에 건너뛰었다. 남겨진 사람들을 위해서. 다시 만난 할머니는 곱게 화장하고 꽃들에 둘러싸여 관 속에 누워 있었다. 실재하는 죽음을 목도하는 과정이기에 입관식은 제일 큰 울음이 흘러나온다. 곱게 단장한 할머니의 얼굴은 조금 어색했다. 하지만 할머니는 나의 예쁘다는 말을 좋아했기에 오늘도 곱다고 말을 건넸다. 할머니의 손을 잡으면 언제나 내 손이 더 차가웠는데 손끝에 닿은 할머니가 이제는 더 차가웠다. 얼음을 만지는 그 촉감에 전날 할머니를 본 게 얼마나 행운이었는지 알았다.

이제는 마주할 수 없는 얼굴을 각자의 가슴에 담고, 대답이 돌아오지 않는 이별의 말을 전했다.

 발인 날은 참 날씨가 맑았다. 하늘은 파랗고 햇볕은 쨍한 더할 나위 없는 여름날이었다. 화장하는 동안 가족 대기실에서 기다릴 때 창밖으로 보이는 하얀 연기를 하염없이 쳐다보던 작은 삼촌 얼굴이 기억난다. 저 연기가 마치 할머니 같다면서 이제는 아프지 않은 곳에서 평안을 빌던 삼촌의 얼굴이 유독 인상에 남았다. 할아버지가 묻힌 공원묘지에 할머니도 모셨다. 20년 동안의 밀린 이야기를 나누는 두 분을 머릿속으로 그려봤다. 모든 절차가 끝나고 가족들은 근처 식당으로 이동했다. 식구란 같이 밥을 먹는 사이라고 했던가. 앞으로도 종종 스쳐 지나가겠지만 이 모든 사람이 같은 자리에 모여서 밥을 먹는 일은 이제 없을 거라는 생각이 들었다.

한 시대가 끝났다.

집의 순간

일 년 중 열 달은 내복을 입어

 벽돌로 지어진 이층집은 여름에는 덥고 겨울에는 춥다. 아니 사실은 봄, 가을, 겨울 다 춥다. 그렇다. 이 집은 온도가 문제이다. 각자의 방과 주방을 빼고는 바닥에 열선이 깔려 있지 않기 때문에 방문을 열고 나가면 바깥 온도와 비슷한 체험을 할 수 있다. 특히 봄과 가을은 바깥보다 집안이 더 춥기도 하다. 여름이나마 시원하면 좋겠지만 1층은 에어컨이 없고 내 방과 2층 안방에 에어컨이 들어온 것도 아주 나중의 일이었다.

 집에 들어서면 무조건 슬리퍼를 신는다. 바닥의 냉기로부터 소중한 발바닥을 보호해야 한다. 방문은 꼭 닫고 내복은 일 년 중 열 달을 입는다. 삼복더위 때를 빼면 다 입는다는 이야기다. 한여름에도 선풍기 1단을 쓸까 말까인 더위 최강자 할머니는 반대로 추위에는 몹시 약해서 한겨울에는 보일러가 세차게 돌아간다. 더불어 난방비도 치솟기에 쓰지 않는 방은 보일러를 잠가두고 할머니 방을 빼고 다른 방들은 조금 덜 틀어 놓는다. 난방비로 보면 이곳은 하와이쯤은 되어야 할 텐데 웃풍으로 빼앗긴 방에는 봄이 오지 않는다.

보일러가 돌아가는 겨울은 방바닥이 따뜻하기에 나는 침대에서 내려와 바닥 생활자가 된다. 내복과 두꺼운 츄리링, 수면양말까지 신은 상태에서 오리털 이불을 벗 삼아 은은하게 열이 올라오는 바닥에 몸을 지진다. 이불 밖으로 나온 얼굴은 시원하고 발끝까지 꽁꽁 이불에 감싼 몸은 따뜻한 상태가 된다. 이 상태로는 꼼짝도 하기 싫어진다.

나와 비슷하게 추위를 타는 아빠는 집에서 겨울 잠바를 입고 있는 날이 많았다. 아빠 서재는 보일러를 잠가둔 대신 가스스토브가 있었는데, 실제 도시가스를 연결해서 쓰는 거라 환기가 중요해서 스토브가 켜질 때는 창문이 언제나 열려있었다. 온기와 냉기가 공존하는 아름다운 공간이라 할 수 있겠다.

봄과 가을은 체감상 더 춥다. 내 방은 차고 위에 있어서 가족들도 인정하는 추운 방이었다. 벽과 바닥이 찬 기운을 머금고 있어서 책상 위에 물을 가져다 놓으면 미온수가 냉수가 되는 마법을 볼 수 있다. 어릴 때는 몸에 열이 많아서 폴라티도 못 입었는데 추운 집에서 오래 살다 보니 수족냉증의 아이콘이 되었다.

온수를 쓰는 것도 문제였다. 보일러가 고장 나서 대대적인 교체를 한 다음부터 온수를 쓰려면 1층 주방에 있는 보일러 작동기에서 온수 버튼을 눌러야 했다. 오래된 배관을 건드리기가 어려워 겨우 본체만 교체한 지하실 보일러는 가정용 용량을 넘어섰지만, 세세한 기능은 떨어지고 비용이 많이 나왔다. 온수를 쓰는 동안에는 보일러가 계속 돌아갔다. 2층 화장실에서 씻고 나면 서둘러 1층으로 내려와 버튼을 꺼야 했다. 간단하게 씻으려면 그냥 찬물로 씻거나 보일러를 10분 정도 가동한 뒤 꺼놓고 씻으러 갔다. 샤워할 때면 욕실 밖에서 엄마의 목소리가 들린다. "수민아, 보일러 꺼도 돼?" 경험으로 쌓은 노하우로 "엄마 5분만!"이라는 대답이 자주 오갔다. 누군가 씻고 있는 것에 촉각을 곤두세울 수밖에 없는 환경이었다.

눈 오는 날

 오래된 주택을 살면 난감할 때가 여름의 장마철과 겨울의 눈이다. 며칠을 쉬지 않고 내리는 비에 배수로가 막혀 집안으로 물이 샌 후, 나는 매년 지붕 옥상을 올라가 배수로를 점검하게 되었다. 한 번은 방수공사를 한 곳이 오래되어 할머니 방 천장에도 물이 샌 적이 있었다. 외부는 다시 방수공사를 했지만, 할머니가 24시간 누워 계신 방은 도배를 새로 하기도 어려워 돌아가시기 전까지 천장 위 누런 누수 자국을 모른 척해야 했다.

 군대를 다녀오면 남자들이 눈을 싫어하게 된다는 이야기에 공감한다. 하얗게 폴폴 날리는 눈은 낭만이 아니라 당장 해치워야 하는 숙제였다. 집 앞에는 2차선 도로가 인접해 있는데 도로는 제설이 바로 되지만 집 앞 인도는 우리가 치워야 미끄럽지 않게 나갈 수 있다. 지나가는 사람이 많으면 눈이 밟혀 눌린 모양새가 되어 더 치우기 어렵기 때문에 사람들이 지나가기 전에 쓸어야 한다. 눈이 계속 내리면 눈을 맞으며 시간마다 쓸어야 한다는 소리이다. 한꺼번에 치우는 것보다 여러 번 나눠서 치우는 게 낫다는 것이 경험으로 배운 깨달음이다.

제설을 위한 장비는 마당 한쪽에 1년 내내 세워져 있다. 초록색 플라스틱으로 된 눈삽은 써 본 것 중 일등이다. 연두색 플라스틱 모로 된 대형 빗자루보다 가동 범위가 넓어 제일 먼저 손에 쥔다. 초록색 끝 선을 바닥에 맞춘 뒤 발걸음을 앞으로 하며 삽으로 눈을 밀어낸다. 모인 눈은 인도와 도로의 경계선 쪽으로 쌓는다. 패딩의 후드를 뒤집어쓰고 손과 발까지 중무장한 상태이지만 내리는 눈에 몸은 계속 젖기 때문에 빠른 속도가 생명이다. 인도를 먼저 쓸고 나서 마당으로 들어온다. 마당은 사람들이 걷는 곳만 쓸면 된다. 제일 중요한 곳은 3단짜리 계단이다. 바닥이 돌이라서 조금만 얼어도 미끄럽다. 계단 위의 눈을 쓰는 것도 중요하지만 더 중요한 곳은 이층 베란다에 달린 기와 부분을 치우는 일이다. 좁은 기와 위에 쌓인 눈을 그대로 두면 나중에 녹아내려 계단 위로 떨어진다. 날씨가 따뜻하면 괜찮지만 추우면 떨어진 물이 그대로 얼어 빙판을 만든다. 그래서 이층에 올라가 기와를 쓸고 내려와 계단 위와 마당의 눈을 치운다. 귀찮다고 넘어가면 나중에는 더 큰 일이 되기에 정해진 루틴을 지켜야 한다.

눈을 쓰는 일은 나보다 훨씬 재빠르고 부지런한 엄마가 더 많이 했다. 이른 아침이나 가족들이 집을 비운 낮은 엄마가 거의 치우기에 나는 내 활동 시간인 밤에 눈을 쓸었다. 눈이 오는 밤은 매우 고요하다. 사람과 차가 많이 다니지 않기에 하얗게 떨어지는 눈만 보일 때도 많았다. 정신없이 눈을 치우다가 고개를 들고 앞을 보면 세상에 나만 있는 기분이 들었다. 나 이외에는 소리를 내는 생명이 없는, 가로등 불빛만 반짝이는 어두운 밤. 시야는 내리는 눈으로 가득하다. 엄마의 양수 속이 이런 기분일까 싶었다. 홀로 있지만 저 너머 세상이 있는 기분. 몸을 멈추고 느낀 잠깐의 여유는 추워서 감각이 사라진다고 하는 손가락의 외침으로 깨어난다. 아, 얼른 들어가야지. 장비를 다시 한쪽에 챙기고 빠르게 집으로 들어간다.

비뚤어진 타일 하나와 스뎅 욕조

 2층 화장실은 참 컸다. 있는 건 변기와 세면대, 그리고 욕조뿐이었지만 주택의 구조상 크기가 넓게 빠졌다. 나무로 된 창이 조그맣게 하나 있고 정사각형 하얀 타일로 마감했다. 그 시절의 특징인지 꽃 그림이 그려진 포인트 타일이 가운데 한 줄을 차지하고 있었다. 정말 웃긴 것은 일렬로 나란히 붙여진 꽃 그림 중에 딱 한 장의 타일이 90도 옆으로 삐뚤게 붙여진 것이다. 이것은 붙이면서 실수했다기보다는 일부러 이렇게 붙인 것이 아닐까 싶은 모양이다. 어릴 때부터 너무 익숙했던 모양이라 이유를 궁금해하지도 않았는데 어느 순간 타일의 이상함을 깨닫고 혼자 그 이유를 상상해 보기도 했다. 집을 짓던 인부와 할머니가 싸워서 그 보복으로 타일을 그렇게 붙였다던가, 그날따라 일하며 피곤했던 인부가 잘못해서 타일을 붙여서 매우 미안해한 상황이라던가 한 장의 비뚤어진 타일은 그렇게 상상력을 자극하는 소재가 되었다. 또 다른 욕실의 특이점이라면 욕조가 스테인리스 재질이라는 것이었다. 이게 제품으로 양산되었으니 어느 한 시절을 풍미했던 제품인지는 모르겠지만, 그동안 살면서 스테인리스 욕조를 봤거나 썼다는 사람은 아직 한 번도 만나지 못했다.(N사 포털에서도 2015년 판매 글 하나만 확인될 뿐이다.) 안 그래도 추운 집에서 차가운 재질의 스뎅 욕조였지만 스테인리스는 뜨거운 물에 또 쉽게 따듯해지기도 한다. 그리고 더러워졌을 때도 공을 들여 닦으면 본연의 빛을 금세 다시 찾는다. 품이 들기는 하지만.

사람이 살지 않는 집은 금세 늙는다. 할머니 혼자 집에서 지냈던 시절에도 주인이 사라진 방들에서 그것을 느꼈다. 낡고 오래된 집일수록 손길이 닿지 않으면 더 빨리 늙는다. 사람도 마찬가지일까. 할머니가 오랜 시간 천천히 기억을 잃고 죽음의 과정을 겪은 것은 엄마의 손길이 할머니에게 닿아 그 속도를 늦출 수 있던 것이 아니었을까. 평온하고 온전하게 자신이 평생을 살아온 집에서 생을 끝마치는 일은 이제 쉽지 않은 시대이니까.

엄마의 정원

 엄마는 무언가를 참 잘 키우는 사람이다. 천성이 부지런하고 호기심이 많다. 우리 집 마당은 꽃을 좋아했던 할아버지의 취향이 많이 반영되어 있었는데, 봄이 되면 흰 목련과 자목련, 진달래와 철쭉, 라일락, 장미가 순서대로 꽃을 피웠다.

 할아버지와 할머니의 손길이 사라진 마당에 다음 주인이 된 것은 엄마가 당연했다. 할머니를 돌보면서 엄마는 부지런히 마당을 가꿨다. 호기심이 많은 엄마이기에 마당에는 해마다 다른 꽃들이 심어졌다. 어떤 꽃은 계속 피고 지고 한 철을 피워내는 꽃은 잠시 머물다 갔다. 예전에 친구 중에 식물의 잎만 보아도 어떤 식물인지를 아는 친구가 있어 매우 신기해했는데 엄마의 정원을 계속 겪으니 나 역시 아는 꽃이 늘었다. 수선화, 매발톱, 꽃잔디, 제비꽃, 튤립, 작약, 수국, 라벤더, 수련, 양귀비, 클레마티스, 로벨리아, 왜당귀, 붓꽃, 알리움 등 이름도 생소한

꽃까지 여럿 지나갔다. 자연에서야 꽃은 순리대로 핀다. 그러나 어느 마당에 꽃이 핀다는 것은 꽃을 돌보는 누군가가 있다는 것이다.

 엄마는 기본적인 것을 챙겨주되 적당한 무관심을 갖추었다. 급수가 필요한 계절에는 새벽 일찍 물을 주어 따가운 햇빛에 젖은 잎이 타들어 가는 것을 막고 가끔 벽난로에서 나온 재들은 마당 한쪽에 쌓여있다 좋은 거름이 되었다. 가을에 구근을 심어 땅속에서 겨울을 보내고 나면 봄에 꽃이 피는 식물들도 있었다. 거름더미에 버려진 호박씨가 다음 해에 잎을 피워 열매가 된 적도 있었다. 방울토마토와 블루베리가 열리고 새로 심은 감나무는 몇 년이 흐르니 감이 열렸다. 할 수 있는 건 하되 나머지는 상대에게 맡기는 것이 엄마의 방식이었다.

 마당에는 백송과 오죽이 있었는데 이건 할아버지의 취향이었다. 백송은 소나무의 일종인데 시간이 지날수록 나무의 껍질이 벗겨져서 기둥이 하얗게 드러나는 특징이 있다. 오죽은 줄기의 색이 검은 대나무이다. 대나무는 뿌리가 깊고 멀리 자라기에 때가 되면 쳐내는 것이 일이었다. 그래야 다른 식물들이 제대로 자랄 수 있었다. 백송나무는 집이 지어질 때부터 있었다. 오래 자라니 키가 커져서, 지붕 위로 솔방울과 솔잎이 잔뜩 떨어져 배수로를 막게 되는 일이 잦아졌다. 그래서 어느 날 엄마가 결단을 내렸다. 일 년에 한두 번이라고는 하지만 지붕 위로 올라가는 딸이 걱정되었던 것이다. 마당의 터줏대감을 베는 것은 내키지 않은 일이었지만, 이미 결정을 내버린 엄마를 설득할 수는 없었다. 나는 그저 지나가는 관람객이지만, 마당의 관리자는 엄마니까. 대신 여기저기 나무를 옮길 수 있는지 알아보았다. 그러나 비용과 상황의 문제에 직면했다. 결국 나무는 베어지고 말았다. 마당에서 제일 큰 부피가 사라지니 허전했지만, 한편으로는 마당이 밝아지기도 했다. 그늘에 가려진 다른 식물들이 더 잘 보이고 배수로를 막던 것들도 확연히 줄었다. 단점만 있는 일은 없었다. 백송에서 떨어진 씨앗은 마당에도 작은 소나무를 여럿 피워냈다. 그중 하나는 화분에 심겨 친구네로 보냈다. 큰 나무는 베어졌지만, 생명은 이어져서 작은 위로가 되었다.

 작은 마당 안에서 차곡차곡 계절이 피어나는 것을 보

는 것이 당연했는데, 아파트에 살기 시작하니 몸이 편하기는 하지만 마음의 정취는 줄었다. 밤사이 마당을 가로지르는 고양이들의 대화도, 혼자 깨어 있는 새벽 해가 떠오르면 들려오는 새소리도, 눈이 내린 자리 위에 귀엽게 찍힌 고양이의 발자국도 이제는 그리운 풍경이 되었다.

냐옹의 아이들

 우리 집 지하실에는 세월이 잠겨있다. 물건을 잘 버리지 않는 할머니가 쌓아놓은 시간은 아득하다. 아빠와 형제들의 교과서가 나오기도 하고 내가 어렸을 때 등산했던 소파와 원래의 쓸모를 잃어버린 옛날 가전들과 그릇들 그 외에도 무궁무진한 것들이 가득하다. 우리 식구가 본가에 다시 들어와 엄마가 살림을 맡았지만, 물건에 대한 고집이 있던 할머니가 그에 관한 일로 경을 치는 일이 반복되어 엄마도 할머니 물건은 웬만하면 버리는 법이 없었다. 지하실은 공간이 넓었지만 습한 기운이 가득해서 언제나 지층으로 나 있는 조그만 창들을 열어둬야 했다. 어두컴컴한 분위기에 내려가는 일을 피했다.

 지하실에 내려가는 것을 꺼리지 않게 된 것은 우리 집 지하실에 자리 잡은 냐옹이 덕분이었다. 어느 가을, 태어난 지 얼마 안 된 아기 둘을 데리고 그곳에 들어왔다. 통풍을 위해 열어놓은 창문 방충망이 삭아서 그 구멍 사이로 아이 둘을 데리고 들어와 자리 잡은 것이었다. 먼지투성이 공간이었지만 갈 곳 없는 어미가 선택한 안전해 보이는 장소가 지하실이었다. 고양이를 좋아하지 않지만 마음이 약한 엄마의 묵인 아래 고양이를 챙기는 일이 시작되었다. 지하실에 가득한 먼지를 쓸고 한쪽에는 고양이 모래를 부은 화장실을 만들어주고 어미의 밥을 챙기기 시작했다. 새끼 고양이는 사람 손을 잘못 타면 어미가 버리고 간다는 이야기를 들은 터라 그저 잠시간의 동거겠거니 생각하면서 기본적인 사항만 챙겨주자 마음먹었다. 엄마냥이에게는 냐옹이, 새끼 고양이에게는 하양이와 노랑이라는 흔하디흔한 이름을 부르는 것도 이 동거가 길지 않을 거라는 예상 때문이었다. 냐옹이는 경계가 심하고 앙칼진 성격이었다. 그 덕분에 친해지는 길은 요원했다. 매일매일 지하실에 내려와 물을 갈아주고 사료 그릇을 채우고 화장실을 치우는 데도 한쪽에서 얼마나 노려보는지 억울할 지경이었다. 그래도 냐옹이의 감시 아래 새끼 고양이들의 꼬물거림을 보는 일은 꽤 즐거운 나날이었다. 손바닥만 했던 아기들이 쑥쑥 커서 엄마를 따라 지하실에서 마당으로 나갈 수 있을 만큼 자랐다. 추운 겨울을 지났으니 봄기운이 더 짙어지면 지하실 창문은 막을 요량이었다. 그런데 아뿔싸, 냐옹이는 또다시 출산하였다. 아이들이 자라면서 행적이 좀 드문드문하다 했는데 어디선가 또 임신한 것이다. 출산은 지하실에서 이루어졌다. 총 다섯 마리를 낳았고 두 마리는 얼마 안 가서 죽있다. 하양이도 어느샌가 자취를 감췄다. 노랑이는 엄마 옆에서 동생들 돌보미를 하면서 지냈다. 덩치가 커져도 아가들을 돌보는 엄마 곁을 맴도는 순한 성격이었다. 봄에 출산해서 그런지 새끼들은 형님들보다 쑥쑥 자라며 캣초딩이 되었다. 새로 태어난 아이들이 마당으로 나올 수 있을 때쯤 지하실 창문을 막았다. 아이들이 자라니 엄마인 냐옹이는 또다시 홀연히 사라지고 가끔 밥을 먹으러 오는 모습을 볼 수 있었다. 그즈음 노랑이도 사라졌다. 우리 집 앞 도로에 며칠 전 노란 고양이 한 마리가 사고를 당해 죽었다는데 엄마 말이 그게 왠지 노랑이인 것 같다고 했다. 이야기를 들어도 노란 고양이는 동네에 많아서 노랑이가 아닐 거라고 부정했다. 그저 이젠 다 자라서 동생들에게 자리를 양보하고 다른 터전을 찾아 떠난 거라고 생각하고 싶었다. 하지만 노랑이는 다시 돌아오지 않았다.

남은 세 마리에게는 예쁜이와 막둥이, 애기라는 이름을 붙였다. 조금 더 마음이 들어간 작명이었지만 이 또한 마음의 한 발짝은 뒤로 물러선 이름이기도 했다. 형제 중 제일 예쁘게 생긴 예쁜이와 겁이 많은 막둥이, 한 쪽 눈이 불편한 애기까지 세 마리는 따뜻한 햇볕 아래 마당을 활보하며 지냈다. 지하실 시절부터 고양이 모래로 화장실을 만들어 썼었는데 마당에 올라오니 마당 구석진 곳을 자기들이 알아서 화장실처럼 썼다. 밥도 사료를 처음부터 주었더니 다른 것은 일절 건드리는 일 없이 사료만 잘 챙겨 먹었다. 가을이 올 무렵 예쁜이와 막둥이가 사라졌다. 아직 크게 공간을 벗어나지 않는 녀석들이 밤사이 사료를 얻어먹으러 마당에 들어온 어른 고양이에게 쫓겨난 것이 아닌지 싶었다. 한 쪽 눈이 불편한 애기만 도망가지 못하고 마당에 남은 것 같았다. 며칠을 기다렸지만 다시 얼굴을 볼 수 없었다. 어느 순간 아이들이 사라진 것은 인사 없는 완전한 이별인 것을 알았다.

애기만 혼자 마당에 남겨진 가을, 나는 타인과 함께하는 삶을 준비하고 있었다. 잠시 머물 거라고 생각했던 고양이보다 내가 먼저 이 집을 떠나게 되었다. 고양이가 마당에서 계속 살기 위해서는 엄마의 도움이 필요했다. 언급했듯 엄마는 고양이를 좋아하지 않았다. 아니 무서워했다는 편이 맞을 것이다. 처음 엄마가 시집와 살던 시절, 새벽마다 연탄을 갈러 마당을 가로지르는 엄마 앞에 어둠 속에서 뛰어나오는 고양이들은 힘난한 시절의 상징이었다. 할머니의 매서운 시집살이도 어둠 속 불청객도 적응하기 힘들었다. 일로 자리를 비운 아빠 대신 오빠와 나를 부둥켜안고 자던 숱한 밤들, 밖에서 아기 우는 소리같이 들리는 발정기 고양이의 울음소리는 엄마를 더 힘들게 했다. 하지만 이제는 시간이 흘렀고 마당에 온 손님은 '우리 집 고양이'가 되었다. 일 년을 넘게 보낸 시간 속에서 엄마의 마음은 많이 달라졌다. 엄마가 먼저 고양이 밥을 챙겨주겠다 한 것이다. 내심 고양이가 걱정이 되었던 나로서는 반가운 제안이었다. 사료가 떨어지지 않도록 주문해 줄 것을 약속하고 추운 겨울 고양이가 지낼 수 있는 집을 준비했다. 그렇게 나의 고양이는 엄마의 고양이가 되었다.

애기는 점점 자라서 a.k.a.띵띵이가 되었다. 냐옹을 닮아 손을 타지 않던 녀석들이었는데 띵띵이는 홀로 애교가 참 많았다. 새벽 일찍 밥을 챙기러 나오는 엄마의 다리에 살랑살랑 몸을 감기며 인사를 하고 마당을 오가면 그 앞에 발라당 누워 '날 만져라' 하던 녀석은 띵띵이가 유일했다. 그렇게 삶의 냄새를 풍겼다. 아픈 할머니를 홀로 돌보는 엄마에게 고양이 역시 돌봐야 할 존재였지만 생기 가득한 생명체는 엄마에게 다시 힘을 돌려주었다.

엄마와 띵띵이가 오손도손 시간을 보내던 가을, 갑자기 연락이 왔다. 냐옹이 또다시 아기를 데리고 집에 왔다는 것이다. 이번에는 두 마리였다. 앞서 구청에 신청한 TNR은 포획을 못 해 계속 실패했다. 냐옹이는 이제 가끔 들리고 띵띵이는 남자애라 방심하고 있었더니 또다시 육아의 시간이 시작된 것이다. 아기를 낳은 곳이 환경이 좋지 않았는지 한 마리는 한쪽 눈이 없는 애꾸였다. 홀로 마당을 점유하고 있었던 띵띵이는 엄마가 아이들과 오니 또 얌전히 한쪽을 내주었다. 신기하게도 냐옹의 아이들은 엄마를 잘 알아보는 것 같았다. 그렇게 다시 마당이 복작복작해졌다. 두 아이에게는 흰둥이와 노랑이라는 이름을 다시 붙였다. 겨울이 지나고 아기들이 자라니 띵띵이는 또 사라졌다. 엄마의 말에 의하면 가끔 들러 밥을 먹으러 온다고 하니 동생들에게 집을 양보하고 다른 곳으로 간 모양이었다.

 냐옹의 세번째 아이들이 마당을 채우고 한 해가 지나갔다. 이 이야기의 마지막은 애꾸인 흰둥이의 아이들이었다. 또다시 흰둥이만 남은 어느 봄날, 흰둥이가 아이를 낳았다. 냐옹이는 이제 할머니가 된 것이다. 삼색이 한 마리와 치즈냥이 두 마리는 쑥쑥 자랐다. 얼룩이, (주둥이) 하양이, (주둥이) 노랑이라고 불렀다. 흰둥이와 세 마리가 마당 장독대 위에서 햇볕을 쬐고 있는 풍경은 참 평화로웠다. 그 풍경을 바라보고 있으면 이 평화가 오래 갔으면 하는 마음이 절로 들었다. 아이들이 많이 자랐기에 이번에는 TNR을 시도하여 흰둥이와 하양이가 성공하였다. 삼색이는 또 어디론가 사라졌고 할머니 냐옹이는 집에 다시 들어왔다. 냐옹이는 추정 나이가 6살이었다. 수명이 짧은 길고양이치고는 오래 버틴 것이다. 아이를 낳고 기르고 또다시 훌쩍 떠났던 냐옹이기에 집으로 돌아온 냐옹이가 이제는 이곳에서 마지막 시간을 보내는 것 같았다. 그렇게 3대가 함께 모였다. 냐옹과 냐옹의 아이 흰둥, 흰둥의 아이들 하양과 노랑.

그렇게 시간이 지속되었으면 좋았겠지만 변화는 곧 찾아왔다. 할머니가 돌아가시고 집을 정리 해야 하는 시점이 온 것이다. 주택이라 매매 시기를 가늠할 수 없었는데 어찌어찌하다 보니 집을 사겠다는 사람이 나왔다. 집 계약을 하고 2달 후에 이사를 약속하니 신기하게도 고양이들이 한꺼번에 집을 나갔다. 한겨울이라 자리를 옮기는 것이 쉽지 않은 일인데 그렇게 한꺼번에 사라졌다. 엄마는 고양이들이 영물이라 집주인이 바뀐 것을 아는 것 같다고 했다. 바뀐 주인에게 마당에 고양이가 있다고 이야기해야 하나 고민하던 것이 무색해졌다. 이런 걱정까지도 짊어지고 훌쩍 떠난 것이다. 이사를 준비하면서 짐 정리를 하느라 집을 자주 오갔다. 대문을 열고 들어가면 무심하게 반겨주던 고양이들이 없는 풍경은 쓸쓸했다. 추운 겨울이라도 보내고 나갈 것이지 뒤도 돌아보지 않는 매정한 이별이 야속했다.

시간이 지나고 이별은 어쩔 수 없는 것이라고 받아들이고 나서 고양이가 있던 풍경을 떠올린다. 고양이를 담은 기억은 몽글몽글하고 따듯한 느낌이다. 반짝이던 작은 존재가 주는 생명의 기운. 낡고 오래된 집을 아름답게 만들었던 것은 마당을 활보하던 녀석들 때문이다. 마당이 있는 집에 다시 살게 될지는 요원한 일이다. 하지만 그런 날이 다시 돌아온다면 어디론가 떠난 냐옹의 아이들이 다시 찾아오길 바라는 마음이다. 그날까지 서로 무탈하기를 바라 마지않는다.

나의 순간

나의 방

7살, 유치원 입학을 앞두고 우리 가족은 집에서 쫓겨났다. 유치원 예비 소집을 하루 다녀와서 무척 설렜던 기억이 있는데, 그다음 풍경은 어느 여관에 옹기종기 모여 있는 것이었다. 여관에서 일주일 정도를 보내고 급하게 얻은 집으로 이사를 했다. 1층에 주인집이 있고, 2층은 세를 준 집이었다. 대문을 열고 들어가면 쥐똥나무가 펜스처럼 사이를 가로막고 왼쪽으로 주인집 마당이 보였다. 길고 좁은 길을 건물을 돌아 들어가면 2층으로 올라가는 계단이 있었다. 건물의 후면에 위치한 계단을 올라가면 뒷집이 보였는데 그 집에는 성질 나쁜 포메라니안이 있어서 누군가 지나가면 그렇게 짖었다. 다음 집도 비슷한 셋방이었다. 공간이 완전히 분리된 이전 집과는 다르게 원래는 2층으로 지어진 집을 대충 분리해서 세를 준 경우였다. 1층과 2층 사이의 계단을 합판으로 가로막았는데, 위에 트인 공간이 있어서 아래 집에서 음식을 하면 그 냄새가 고스란히 올라왔다. 청국장을 어찌나 좋아하는 집인지 일주일에 5일은 청국장 냄새를 맡았다. 원래도 청국장을 좋아하지 않았는데, 그 이후로 더욱더 가족들은 청국장을 먹지 않는다.

 셋방살이 6년을 보내고, 드디어 우리 집이 생겼다. 방 3개짜리 신축 아파트였다. 처음으로 내 방이 생겼다. 아무도 손대지 않는 깨끗함이 좋았다. 새 침대가 놓이고 나만의 공간이라는 생각이 들었다. 그리고 방문을 잠그는 버릇이 생겼다.

 방문을 잠그는 것은 밖에서 일어나는 모든 일과 분리되고 싶다는 표현이다. 이 공간은 내 것이라는 선언이기도 하다. 처음에 뭐라 하던 엄마도 한번 고집을 부리면 안 통하는 딸을 아니 몇 번의 시도 끝에 잔소리를 접었다. 창문은 주방 베란다와 맞닿아 있었다. 그쪽은 블라인드를 내리고 문을 꽁꽁 잠가났다. 내 방 열쇠 또한 몰래 챙겨서 방에다 놓았는데, 한번은 실수로 밖에 있는 채로 문이 잠겼다. 혼이 날 게 분명하니 TV 어디선가 본 광경을 떠올리며 똑딱 핀과 철사로 끙끙대다 문을 열기도 했다. (필요는 맥가이버*를 소환한다!)

여러 가지 사정으로 본가에 다시 돌아온 것은 스물한 살의 봄이다. 그전까지는 고모 방이라고 부르던 곳이 내 방이 되었다. 익숙하지만 처음에는 내 것이라고 생각이 들지는 않았다. 시간이 지나가니 가끔 집에 들르는 이전 세입자를 만나는 현 세입자 같은 마음이 들었다. 그렇게 내 방이 되었다.

방은 1층과 2층 사이에 홀로 있기에, 하숙생 같은 삶이 가능했다. 현관 자물쇠를 조용히 여는 기술을 터득해서 문을 살며시 열고 살금살금 반 층만 올라가면, 귀가가 늦은 밤도 무사히 지나갈 수 있었다. 문을 잠그는 것은 가족들도 다 아는 버릇이 되어 내 방문은 함부로 열리지 않았다. 가끔 내가 집에 있는 걸 모르고 이층에 있는 엄마의 전화를 받을 때도 있었다. 식사 시간은 먹지 않는다는 한마디면 조용히 지나갔다. 가족들과 밥을 먹는 거보다는 방에서 조용히 혼자 먹는 게 좋았다. 고3 때 EBS를 본다고 샀던 TV가 밥 친구였다.

가끔 방문 밖에서 종소리가 날 때가 있었다. 할머니가 내는 소리였다. 전쟁 통에 다리를 한번 크게 다친 적 있는 할머니는 다리가 약해서 계단을 잘 오르지 않았다. 대신 2층에 있는 엄마를 부르거나, 용건이 있을 때 계단 앞에서 종을 쳤다. 땡그랑 울리는 그 소리가 참 싫었다. 그래서 가끔은 방에 없는 척 숨을 죽였다. 방문 밖에서 갑자기 들리는 큰 소리는 좋은 것이 없었다.

할머니가 더 이상 종을 치지 않게 된 이후로도, 엄마와 나와 할머니만 있는 조용한 집이 되었어도, 방문을 잠그는 버릇은 쉬이 사라지지 않았다. 문을 잠가야 마음이 편안했다.

* 맥가이버 : 90년대 인기 있던 TV 외화 시리즈의 주인공. 주변 도구를 이용해 난관을 거쳐나가는 대표 인물.

새로운 나의 집

 30대 중반을 넘어가면서 나의 삶은 정체기였다. 변화가 필요했는데, 할 수 있는 걸 추려보니 목록에는 결혼이라는 선택지가 있었다. 만난 지 3년 차로 돌입한, 옆에 있는 사람에게 "우리는 결혼 안 해?"라는 질문을 던졌고 '해.'라는 대답을 얻었다. 이는 우리의 공식적인 프러포즈였다.

 결혼을 준비하는 과정은 순조로웠다. 다만 마음 한쪽에 부담이 있었다. 아빠는 부산에서 일을 하고 있고 엄마는 아픈 할머니를 전담하고 있었다. 내가 나가는 것은 집에 할머니와 엄마만 남아있다는 것이었다. 하지만 둥지에서 벗어날 때였고, 벗어나고 싶었다.

 여러 가지 상황을 고려해 신혼집은 우리 집에서 멀지 않은 이웃 동네로 정해졌다. 다행이었다. 무슨 일이 생길 때 빠르게 달려갈 수 있다는 점이 안심되었다. 새로 들어가는 집은 세입자가 먼저 빠져서 결혼 전 집을 꾸밀 시간이 있었다. 도배와 필름 시공, 청소를 하고 나니 아무것도 없는 새하얀 집이 눈앞에 놓였다. 혼자서 그곳에 있으니 드래곤볼에 나오는 시간과 정신의 방 같다는 생각이 들었다. 가구가 배송해 오고 나서야 앉을 곳이 생겼다. 식탁 의자에 앉아, 커튼을 달지 않아 거실 창밖으로 펼쳐진 하늘을 보았다. 선택을 했지만 미래는 알 수 없었다. 그동안의 시간으로 미루어 짐작할 뿐이었다.

새로운 집에서 누군가와 함께하는 삶은 생각보다 괜찮았다. 남편은 괜찮은 동거인이었다. 서류 한 장에 이름을 나란히 한 사이가 되니 우리는 더 친해질 수 있었다. 깔끔한 남편의 성격 역시 나를, 그리고 집을 가볍게 했다. 그는 트렁크 2개가 온전한 자신의 짐이었다. 한 살림을 짊어지고 사는 나와는 달랐다. 그래서 나 역시 필요한 것만 챙겼다. 집은 언제나 거기에 있을 거니까 지나온 삶의 많은 것들을 내려놓고 올 수 있었다.

평일 남편이 출근하고 혼자 남아있는 집을 좋아한다. 아무런 소리도 들리지 않는 고요함이 좋다. 새로운 집에 와서 평안을 느꼈다. 잠근 방문 밖에서 어떤 소리가 들릴까 불안해하던 나를 비로소 깨달았다. 방문을 잠그는 버릇이 사라졌다.

안온한 공간이란 어떤 것일까. 나가서 살던 13년을 제외하고 24년의 세월을 보낸 나의 집이었지만 편하지 않았음을 깨달았다. 아니 불편하기보다는 불안을 자극했다는 말이 더 맞겠다. 떨어지고 나서야 알 수 있었다. 피를 나눈 가족은, 가깝지만 내가 선택한 존재는 아니다. 좋지만 밉고 편하지만 불안하다. 그래서 거리가 필요하다. 남편과의 결혼을 결심하게 된 것도 지금 와서 생각해 보면 나를 불안하게 하지 않은 사람이었기 때문이다. 그의 간결함이 나의 지지대였다. 때때로 소용돌이치는 마음이 가라앉을 수 있었다.

결혼하고 난 후 본가를 갈 때면 방이 낯설다는 느낌을 받았다. 내 방에 놓인 것들은 거의 그대로인데 공간 안의 내가 변했다. 방에는 과거의 내가 쌓여있어서 정리해야 했지만 당분간 모른 척하기로 했다. 현재의 간결함을 즐기기로 했다.

돈세탁하던 아이

 한글을 모르던 다섯 살, 나는 세뱃돈을 받으면 혼자 방으로 가서 자기만 아는 표식으로 돈을 준 사람과 금액을 적어 장부를 만들었다고 한다. 그런 나를 보고 엄마는 예사 인물이 아니라 생각하기도 했다. 어쩌다 아빠 친구들이 모이는 날 고스톱이라도 치면 그 옆에 자리를 꿰고 앉아 이리저리 움직이는 화투패를 구경하기도 했다. 동전과 지폐가 오가는 게임이 그렇게 신나 보였다. 이런 아이가 어렸을 때 즐겨하던 작업은 돈세탁이었다. 지저분한 헌 돈에 비누를 묻혀 조물조물 닦아내고 깨끗한 물에 정성 들여 헹군다. 바닥에 펼친 수건 위로 지폐를 가지런히 펼쳐 놓고 한 장 한 장 물기를 닦는다. 그 당시 유행하는 두꺼운 만화잡지(ex: 보물섬)를 여러 권 가져와 그 사이 사이에 돈을 껴서 말린다. 마지막으로 다리미로 다리고 뿌듯해하면 오빠가 못 말린다는 듯 옆에서 고개를 절레절레하던 기억이 난다.

이런 나의 기질은 할머니에게서 비롯된 게 분명하다. 할머니는 돈을 주실 때 그냥 주시는 법이 없었다. 은행에서 미리 바꿔 놓은 게 분명한 새 돈을 하얀 봉투에 가지런히 담아주셨다. 새 돈의 질감은 탱글탱글하다고 해야 할까. 가끔은 뒷장과 떨어지지 않을 정도로 느껴지는 빳빳함이 어린 눈에 그렇게나 좋았다. 물론 봉투는 엄마에게 그대로 상납해야 했지만, 조금 더 큰 뒤에는 내 주머니로 들어가는 돈을 지갑에 고이고이 모셨다. 돈을 넣을 때도 금액별로 차례대로, 돈이 헌 정도에 따라 헌 돈부터 새 돈까지 정리해 넣었고, 이 버릇은 아직도 유효하다.

돈을 귀하게 여겨야 부자가 된다고 했던가. 어렸을 때부터 이재에 밝던 아이는 사라지고 없다. 적자는 나지 않지만 그렇다고 돈을 모아 차곡차곡 쌓아놓지도 못한다. 어느 시즌에는 활발한 소비 요정으로 살아가고, 재테크라도 공부하려고 하면 한 달을 넘어가지 못한다.

어린 시절 엄마를 향해 돈 돈 거리던 할머니의 레파토리가 지겨웠다. 할아버지가 고생한 엄마에게 어려울 때 보태주신 돈이 조금 있었는데 할머니가 화가 날 때면 그 돈이 언제나 소환되어 나왔다. 당장 내 앞에 그 돈을 가지고 오라는 할머니의 고함이, 그 악착이 지겨웠다.

시간이 흘러 할머니의 정신이 흐려져도 앞에서 자식들 흉을 볼라치면 샐쭉한 표정을 지었다. 마지막까지도 집에 대한 애착이 강건했다. 어느 날, 그런 할머니가 놀랍게도 엄마에게 이 집을 준다고 했다. 살면서 한 번도 누군가에게 그런 내색을 하지도, 할 생각도 없었던 할머니였다. 더군다나 자식도 아닌 엄마에게는 어불성설이었다. 그 한번이 엄마를 웃게 했다. 완고한 빗장이 풀려 내보인 마음이 상대방에게 스며들었다. 물론 다음 날 다시 물어보니 할머니는 모르쇠였지만 엄마와 그 이야기를 나누며 웃었던 그 순간이 좋았다. 악을 쓰는 마음보다 보듬는 마음이 강한 걸 알았다.

이제는 새 돈이 생기면 지갑에 넣기보다는 비상금을 챙겨둔 서랍에 모아놓는다. 누군가에게 챙길 봉투에 최대한 깨끗한 돈을 골라 넣는다. 자식들에게, 손주들에게 좋은 것을 주려던 할머니의 마음을 담는다. 좋았던 마음도 너무 쥐어짜면 남는 건 찌꺼기밖에 없다. 적당히 손에

쥐고 적당히 살아간다.

크리넥스 티슈

아직 식탁에서 할머니와 밥을 먹던 시절, 엄마는 옆에서 식사 시중을 들고 마주 앉은 나는 할머니의 말 상대를 하였다. 할머니의 상태가 좋을 때는 흘러나오는 레파토리에 맞장구를 치는 것이 나의 역할이었다. 피난이 끝나고 속초에 자리 잡고 있던 시절, 국민학교 선생님이었던 할머니가 군청에서 하는 호적 정리에 글씨를 잘 쓴다고 불려 가 서류작업을 하던 이야기나 옆 고등학교 선생님이었던 할아버지를 만난 이야기, 전쟁 중 북한군을 피해 동굴에 숨어지내던 이야기 등 주로 할머니의 젊은 시절 이야기였다. 할머니의 나이가 들수록 자주 나오는 이야기는 과거를 향한다는 게 그때는 신기했다. 현재가 행복하지 않다는 방증 같기도 했다. 같은 이야기를 수십 번 들어도, 매번 같은 호응을 해도 우선 대화를 주고받는다는 것은 그날은 괜찮다는 사인이었다.

시선을 마주하지 않고 천장이나 부엌 구석 혹은 식탁

위 어딘가를 보면서 벌레가 돌아다닌다거나, 뭔가가 있다는 이야기가 시작되면 그날의 식사는 고난의 자리였다. 시선을 돌리려는 노력이 무색해지고 화를 내며 끝나는 경우가 부지기수였다. 할머니의 세계는 할머니만 알 수 있어서, 그 세계의 밖에 있는 엄마와 나는 닿을 수 없었다.

 시간이 지나니 아예 이야기를 하지 않는 할머니를 마주하며 밥을 먹게 되었다. 식탁까지 나오는 걸음이 어려워지고 옆에서 부축해야 겨우 그 자리에 올 수 있었다. 젓가락은 사용하지 않게 되고 밥은 국에 말아서 숟가락으로 드셨다. 수저 위에 반찬을 올리는 것은 엄마였고 수저질이 시원찮은 날에는 그 수저마저도 엄마 손에 들려 식사를 끝마치게 되었다. 식사가 끝나면 약을 드셔야 하기에 미지근한 온도의 물과 크리넥스 티슈 한 장을 옆에서 대기하고 있는 것은 내 몫이었다.

 할머니에게 크리넥스 티슈를 건네면 재미있게도 바로 사용을 하지 않고 티슈의 끝을 맞춰 가지런히 접는다. 그건 할머니가 이야기를 잃은 시점에도 계속되는 버릇이었다. 아무리 급해도 끝을 꼭 맞추는 어린아이 같은 손길에 어느새 할머니에게 건네는 티슈는 내 손에서 정리되어 건네지게 되었다. 가끔 좀 대충 건네는 날은 귀신같이 다시 그 끝을 정리하였기에 나 역시 꼼꼼히 티슈를 접었다.

시간이 지나 할머니가 더 이상 식탁 앞에 앉지 않게 되었다. 안방과 주방을 오가던 할머니의 공간은 더 작아졌다. 안방과 안방 안의 화장실만 남은 것이다. 시간이 더 지나고 할머니의 공간은 안방 안에 있는 할머니의 침대만 남았다. 네 귀를 맞춰서 휴지를 접던 할머니는 그 휴지를 접고 접으며 알뜰히 썼다. 자신의 공간도 그렇게 접고 접어 침대 하나만 남았다.

할머니가 돌아가시고 나서도 나는 티슈를 가지런히 접는다. 물을 쏟았다거나 기침이 나는 급한 경우가 아니면 네 귀를 맞춰서 건네려고 한다. 티슈의 사각을 계속 접고 접어 알뜰히 쓰는 할머니의 모습이 내 안에 스며있다.

태어난 날의 신문과 출생증명서

 이사가 결정되고 집은 크나큰 프로젝트에 직면했다. 한 자리에서 수십 년을 보낸 우리 집이 품고 있는 물건들이 문제였다. 이사의 기억이 오래되었기에 큰 위기감이 없었는데 이삿짐 업체를 알아보기 시작하면서 경각심이 커졌다. 명예의 전당 이런 업체들은 알아볼 수도 없었다. 이사가 예정된 2월은 이사업체에는 대목인 철이었고, 단독주택이고 이층이라는 얘기에 업체들은 바로 거절의 말을 건넸다. 방마다 가구들이 들어차 있고 계단은 짐을 들고 내려오기가 불편했으며 물건들이 너무 많았다.

 엄마와 아빠는 부지런히 버릴 물건을 정했다. 각자의 과감함은 때로 상충하기도 해서 이걸 왜 버리냐며 다시 주어 오는 경우도 있었다. 그 와중에 틈틈이 망태 할아버지처럼 물건을 주워 담는 나도 있었다. 할아버지 할머니의 신분증, 지난 여권, 할아버지가 쓰던 안경, 할머니의 고장 난 손목시계, 수첩, 새 와이셔츠, 할아버지의 틀니

등등 버리려면 마음의 결단이 필요한 것들이 내 짐에 담겼다. 그렇게 짐 정리하던 어느 날, 엄마가 방문을 두드리고 물건을 건넸다.

엄마가 건넨 것은 이불 하나와 낡은 서류봉투였다. 단단한 면직물로 된 하얀 이불은 나의 베넷 이불이었다. 서류봉투 안에는 나와 오빠의 출생증명서와 태어난 날의 신문이 있었다. 상장같이 생긴 종이에 엄마와 아빠의 이름, 태어난 시간, 몸무게와 키, 담당 의사 선생님과 간호사 선생님의 이름이 적혀있었다.

태어날 때의 기록이 이렇게 온전한 종이 한 장에 남았다는 것은 뭉클한 감동이 있다. 기념하기 위한 신문까지도. 당사자는 전혀 알 수 없는 탄생의 기쁨이 존재하는 기분이었다. 장롱 깊은 곳에 숨겨둔 할머니의 작품이었다. 자식들의 앞날에 욕심이 많던 할머니는 큰 사람이 되기를 상상하며 그 봉투를 만들었을 것이다.

베넷 이불을 보면서 작았던 그 존재에 대해 생각한다. 작은 이불에 꽁꽁 싸여 돌봄을 받던 존재. 그리고 이불

속에 누워있던 할머니를 떠올린다. 작고 여위었던 할머니의 모습을. 끝을 향해 달려갈수록 아기의 모양새와 닮아가던 그 모습을.

미움과 애정이 함께 한다는 것은 어떤 것일까. 그저 애정만 존재했던 삶의 시작과 미움과 애정이 부풀었다 깎여나가고 남은 삶의 마지막은, 다른 듯 비슷했다. 할머니에 대한 이야기를 적는 것은 출생증명서와 기념신문을 담아 탄생을 축복한 할머니에 대한 답장일지도 모른다는 생각이 들었다.

유치와 틀니, 그리고 새 와이셔츠

우리 집 식구들은 대체로 이를 늦게 갈았다. 오빠가 7살 때 치과에 갔다가 흔들리는 유치를 뽑았는데 3년 동안 이가 나지 않아서 고생하다 결국 나중에는 교정까지 하게 되었다. 나도 중학교 때까지 이를 갈았다. 다른 집 2층에 세를 들어 살 때는 뽑힌 이를 지붕에 던지는 의식을 하였다. 헌 이를 가져가고 예쁜 새 이를 달라는 의미였다. 6학년 때 아파트로 이사를 하고 나서는 뽑은 이를 던질 곳이 없었다. 그래서 나는 자그마한 유리병에 이를 모아 놓기 시작했다. 어느 정도 커서 이를 갈았기에 흔들리는 이가 있으면 열심히 손을 왔다 갔다 하다 혼자서 이를 뽑았다. 오빠는 그런 나를 보고 독하다며 고개를 저었다. 뽑은 이는 차곡차곡 병 안에 모였다. 작은 병을 흔들면 하얀 돌멩이들이 달그락거리는 것 같았다. 어디로도 던질 수 없는 이는 내 방 서랍 안에 잠들어 있었다.

이사를 하려고 집을 정리할 때 할머니 방 장롱을 정리

하던 엄마는 이런 것도 있다며 보여준 게 할아버지의 틀니를 보관하는 통이었다. 원래 고인이 되면 물건을 싹 정리하게 마련인데 무엇도 잘 버리지 않는 우리 할머니는 그 틀니마저 보관하고 있었던 것이다. 틀니 통을 간직한 할머니와 유치를 모은 손녀. 물건을 못 버리는 환장의 콜라보였다.

할머니 장롱에서는 7~80년대에 샀을 법한 새 와이셔츠가 상자 그대로 나오기도 하였다. 할아버지 것으로 장만한 것일 텐데 주인의 몸에 걸치지 못하고 장롱 안 물건이 되었다. 때때로 어르신들의 물건을 정리하다 보면 이런 경우가 종종 있다고 한다. 언젠가 좋은 날에 입으려고 사둔 옷들이 빛을 보지 못하고 쌓인다. 자식들이 사 온 내복이나 옷들도 태그를 떼지 않고 그대로 고이 발견되는 일도 있다. 소중하게 간직했기에 그 쓸모를 다하지 못하고 바래진 것들.

어떤 마음은 그런 것 같다. 할머니 안에 있던 마음도 그랬을 것이다. 기대가 커서 더 반발이 심했던 마음이 주체할 수 없이 커져서 관성을 따라 한 방향으로만 움직였다. 한번 거세게 표출된 마음은 다른 마음을 가렸다. 할머니가 아프고 나서 엄마에게 행한 숨겨진 마음도 할머니의 마음이었을 것이다. 뒤늦게 전해진 고맙다는 인사가 할머니 옷장 속 새 와이셔츠 같은 마음이었을 것이다. 상자 안에, 비닐 안에 곱게 포개진 옷들은 꺼내보니 새하얗다. 진작에 꺼내어 입었으면 좋았을 것을. 인색한 마음이 관계를 망친 시간이 아쉽다.

덕후의 기질

집 정리를 하면서 나온 수많은 물건 중에 압도적인 수집품은 할아버지가 모으신 옛날 우표이다. 내가 어릴 때만 해도 학교에서 적는 취미란에 '우표수집'이라는 단어는 낯설지 않았다. 이제는 각자가 휴대전화를 들고 다니면서 실시간으로 안부를 확인하고 전자우편이 대세가 되어버려 우표를 살 일도 구경할 일도 거의 없다. 시대를 아우르며 소식을 전하던 수단이 이제는 역사의 뒤안길로 사라지고 있다. 우표가 중요하던 시절, 정기적으로 발행되는 우표는 당시 수집가들의 애호품이었다. 할아버지도 매달 발간되는 우표를 정기배송 받으셨다. 우표를 모으던 시기는 대략 1970년대 중반부터 돌아가시기 전인 1990년대 중반까지이다. 제일 수집량이 많은 구간은 1980년대이고. 처음에는 한 장씩 파일에 정리해 두셨지만 배송받은 봉투 그대로 몇십 개가 뭉텅이로 발견되기도 했다. 뒷심이 약한 덕후의 기질이 나에게도 발견되는 바여서 보면서 웃음이 났다.

나도 무엇을 모으고 탐독하는 기질이 있다. 종이를 좋아해서 책과 문구를 열심히 샀다. 활자중독증보다는 활자구매증에 가깝기도 해서 책장 안에는 완독하지 못한 책들이 즐비하다. 문구 중에서는 특히 공책 같은 종이류 사는 것을 좋아한다. 문구만 모아놓은 서랍장을 열어서 안을 구경하는 것은 나만의 명상법에 가깝다. 이제는 예전만큼 사지는 않지만 정말 마음에 드는 문구를 발견하는 일은 아직도 여전히 설렌다. 할아버지에게 우표수집도 그러지 않았을까.

수집품을 살펴보다 의미 있는 한 가지가 또 발견되었다. 바로 내가 태어난 날에 발행된 우표이다. '우표 취미 주간 특별 우표'인데, 할머니가 모아놓은 태어난 날의 신문과 매칭을 하니 이거 정말로 업적이 많은 유명인이 되어야 했던 것은 아닌가 싶다. 그러면 '사실은 저희 조부모님이 제가 크게 될 것을 미리부터 준비하고 계셨어요.' 라고 할 수도 있었을 텐데. 적당한 소시민의 삶을 추구하는 손녀는 그저 할아버지, 할머니의 수집품을 보면서 혼자만의 즐거움으로 즐길 뿐이다.

할머니의 재봉틀

 할머니 방에는 오래된 재봉틀이 있다. 단단한 나무 상자에 쌓여있어 모르는 사람이 보면 재봉틀인 줄 알지 못하지만, 뚜껑을 열고 거꾸로 있는 재봉틀을 돌려 위로 꺼내면 변신 로봇처럼 '짠'하고 나타난다. 오래되었다고 알고는 있었지만 유래는 할머니가 돌아가고 나신 후 아빠에게 들었다. 할아버지와 결혼할 때 친정어머니, 나에게는 외증조할머니가 혼수로 보내주신 것이었다. 아빠보다도 나이가 많은 왕고참이었다. 당시에도 재봉틀은 비싼 물건이었을 텐데 혈혈단신인 할아버지와 결혼하니 살림 밑천이라며 챙겨주신 외증조할머니의 마음이 느껴졌다.

 할머니는 손재주가 참 좋았다. 네 남매를 부족하지 않게 키운 데에는 할머니의 공이 컸다. 재봉틀로 만들어 입힌 옷들은 학교 선생님이 어디서 샀냐고 물어볼 정도로 매무새가 고왔다. 날이 추워지면 뜨개질로 짠 조끼와 스웨터, 장갑과 목도리가 어디선가 나왔다. 바지런히 아이들의 옷을 지어 입히고 살림을 살던 할머니가 그 시절 있었다.

어릴 때 할머니 방에는 재봉틀이 자주 꺼내져 있었다. 바짓단을 줄이거나 옷의 품을 늘리거나 줄이는 일들이 왕왕 있었다. 재봉틀의 바닥을 발로 구르면 바늘이 돌아가서 신기하게 쳐다보던 생각이 난다. 할머니가 아프면서 재봉틀은 상자 안에서 그대로 잠들어 있게 되었다. 이제는 새롭게 옷을 짓는 일도, 불편한 옷을 고치는 일도 없어졌다. 어릴 때의 내 사진을 보면 할머니가 만들어 준 옷들을 입고 있다. 자라는 동안에도 서랍장 한쪽에 있던 옷들이 기억난다. 버리지 않고 모아둔 옷들은 어느 순간 모두 사라졌다.

할머니가 돌아가시고 이사가 결정된 후 짐을 정리하면서 재봉틀을 다시 꺼냈다. 오랜 시간 잠들어 있었다고 하기에는 녹슨 곳 하나 없었다. 단지 쌓여있는 먼지만 세월을 가늠할 뿐이었다. 버리기에는 아까웠다. 고민이 시작되었다. 나의 동거인은 쓰지 않을 물건을 쌓아 놓고 있는 것을 좋아하지 않는다. 이미 내가 챙긴 짐만으로도 그의

미간에는 주름이 질 예정이었다. 대안을 찾아야 했다. 친구 T가 떠올랐다.

T는 빈티지 물건을 잘 모으는 컬렉터이다. 좋아하는 것들을 움켜쥐는 습성이 우리는 비슷하다. 친구에게 바로 사정을 설명하니 반색하며 좋아한다. 그래, 이 재봉틀의 새로운 주인은 너라는 생각이 들었다. 슬며시 '너희 어머니한테 쫓겨나는 거 아니냐?'고 물으며 확인했다. 친구의 의사도 중요하지만 집주인이신 친구네 어머님의 의사도 중요했다. '야, 요즘 효도 많이 해서 괜찮아.'라는 답을 들으며 마음을 정했다. 할머니의 재봉틀은 새로운 자리를 찾았다.

용달에 실어 보낸 재봉틀이 친구네 집에 잘 도착했다는 이야기를 들으니 다행이라는 마음이 들었다. 그러면서 한편으로는 참 이상했다. 미워하던 할머니의 물건인데 친구의 집까지 수소문해서 보내는 이 마음이 무엇일지 생각했다. 마지막까지 버리지 못하는 마음이 도대체 무엇일까.

재봉틀이 만들어 낸 많은 것들은 다 사라졌다. 그간 가족들에게 온기를 주었던 옷들이다. 이제는 새 주인을 찾은 재봉틀만 남았다. 친구의 손에서 재봉틀이 예전처럼 돌아갈지는 모르겠다. 그래도 안온한 곳에서 사라짐의 시간은 유예될 것이다. 많은 것이 사라져서 나는 무언가가 사라지는 순간을 유예하고 싶었던 것일지도 모르겠다.

이사

할머니가 돌아가시고 집을 정리해야 했다. 장례식장에서 아빠의 형제들끼리 이야기해서, 집을 팔고 그 몫은 정확히 n분의 1로 나누기로 했다. 엄마와 의논하지 않은 아빠의 일방적인 결정이었다. 그동안 할머니를 돌본 엄마의 노고는 전혀 고려하지 않았다. 나중에 알게 된 아빠의 마음은 그렇게 이야기하면 형제들이 알아서 조금이라도 조정해 줄 거라는 순진한 생각이었다. 현실은 냉정했다. 수학을 좋아하는 아빠가 현실에서는 제일 자기 몫을 챙기지 못했다.

부동산에 집을 내놓았다. 쉽게 연락이 오질 않았다. 각자의 사정을 내세워 빨리 정리하고 싶다는 의견이 거칠게 모였다. 주변이 재개발되면서 동네가 바뀌고 있었지만 덩치가 큰 단독주택은 거래가 쉽지 않았다. 조급함이 들은 다른 형제의 요구에 아빠는 마지못해서 가격을 확 내려 다시 집을 내놨다.

그러고 얼마 지났을까. 꿈을 꿨다. 내가 잠들어 있는 침대 위로 천장에서 맑은 물이 쏟아지는 꿈이었다. 이건 무슨 꿈인가 싶어 해몽을 찾아보니 돈이 들어올 꿈이라 했다. 오랜만에 로또나 사야지 싶었다. 그리고 엄마의 전화를 받았다. 집이 팔렸다는 소식이었다. 가격을 내려도 집을 보러 오는 사람이 거의 없었기에 예상보다 빨랐다. 꿈의 정체가 바로 이것이었다.

집을 산 사람은 오빠와 나이가 비슷했다. 두 자녀를 둔 네 식구인데 마당 있는 집에 대한 로망과 재개발을 염두에 두고 집을 구입하는 눈치였다. 계약은 4월에 잔금을 치르기로 했다. 대신 그 전에 집을 수리하고 싶다며 좀 더 이르게 집을 비워줄 수 있을지 양해를 구했다. 그래서 2월의 마지막 날에 아빠 몫의 중도금을 받아 집을 먼저 비워주기로 했다. 집을 정리할 시간이 2개월 남았다.

계약이 진행되니 손이 빠른 엄마는 집을 정리하기 시작했다. 집을 짓기 전의 20년, 짓고 난 후의 40년. 한 자리에서 도합 60여 년의 세월이 집에 담겨있었다. 부지런히 버리고 정리해야 했다.

결혼하면서 대부분의 짐을 놓고 나온 나에게도 발등의 불이 떨어졌다. 지금 사는 집에는 현재의 시간만 담겨있어서 참 간결하다고 친구들에게 이야기한 것이 무색하게 과거의 내가 몰려오고 있었다. 집을 오가며 짐 정리를 시작하였다. 짐을 줄인다는 목표가 분명하니 버릴 물건은 분명했다. 하지만 간간이 과거로 돌아가는 물건들을 마주할 때가 있었다.

기억을 담은 물건은 상념에 잠기게 한다. 빠르게 움직여야 한다는 것을 알면서도 생각의 걸음이 주춤거린다. 세월을 더 살았지만 나보다 엄마와 아빠의 정리가 훨씬 빨랐다. 물론 중간중간 버리기 애매한 물건들은 나에게 건네지는 경우가 있었다. 한번 건네진 물건은 웬만하면 내 선에서 다시 챙겼다. 그렇게 담은 물건이 마음을 가득 채웠다.

이사 준비가 막바지에 따를 무렵은 지나간 시간을 마주할 새 없이 바쁘게 지나갔다. 업체를 불러 지하실에 있던 짐은 통째로 폐기물 처리를 하고, 미리 내놓을 수 있는 큰 짐들은 신고한 후 딱지를 붙여 부지런히 내놨다.

부모님이 옮겨갈 집은 두 분이 지내시기 적당한 작은 평수였기에 고르고 고른 물건만 마지막으로 남았다. 부모님이 거의 평생 쓰시던 침대와 장롱, 서랍장은 버려지고 할머니의 고가구가 남았다. 그렇게 물건의 정리가 끝났다.

이삿날, 7명의 인부와 사장님이 아침 일찍 도착했다. 부모님의 짐을 싸고, 한쪽에서는 우리끼리 버리지 못한 덩치가 큰 가구들이 마당으로 날라졌다. 방마다 있던 장롱과 분리하기 힘든 서랍장과 책장, 그렇게 하나둘 비워졌다. 좁은 계단으로 짐을 날라야 했기에 나중에는 2층 베란다에서 마당으로 가구를 던져 내리기도 했다. 옮겨지는 짐들 사이로 나는 폐기물 접수 번호를 적은 종이들을 테이프로 붙이며 다녔다. 집 앞 도로와 마당이 짐으로 가득 찼다. 엄마와 아빠는 이삿짐센터와 먼저 떠나고 남은 나는 뒷정리를 했다. 쓰레기를 모아 담고 최대한 깔끔하게 보이기를 바랐다. 이 집은 나에게도 소중한 공간이었기에 마지막도 잘 정리하고 싶었다. 놓고 간 것이 없는지 마지막으로 둘러보면서 현관 중문 옆에서 문을 받치는 나무를 주웠다. 이것 또한 집이 생기던 시절부터 함께

한 증인이었다. 버리고 갈 수 없었다.

휴대전화를 들고 현관부터 1층, 계단, 2층까지 걸으면서 동영상을 찍었다. 이제 대문 밖으로 나가면 다시는 들어올 수 없기에 기념으로 꼭 남겨두고 싶었다. 물건이 모두 사라진 집은 정말 넓었다. 집을 가득 채웠던 짐들이 사라진 것 처럼, 여기서 쌓아 올린 시간을 적당히 비우고 싶었다. 글을 써야겠다고 생각했다.

그렇게 집과 헤어졌다.

어떤 의미가 있을까

언제나 나를 힘들게 만드는 것은 나 자신이었다. 어릴 때부터 마음 안에는 새까만 검은 공간이 있었다. 다른 사람은 건드릴 수 없는 내 고유의 검정을 이해하고 받아들이는 데에 지난한 시간이 걸렸다. 내가 가진 검정은 깊었으나 매섭지 않았고, 어두웠으나 타인을 해치고 싶지는 않았다. 그저 조용히 존재할 뿐이었다.

할머니를 지켜보던 오랜 시간, 지금의 이 시간은 할머니에게 어떤 의미가 있을까 의문이었다. 나에게는 없는, 그러나 그녀에게는 지대한, 삶에 대한 갈망이 도대체 무엇일까 궁금했다. 이야기를 잃고 다른 세상으로 건너가 버려도 할머니의 삶은 계속되었다.

집을 정리하면서 발견한 할머니의 흔적은 웃기고 슬펐다. 그렇게 선명하던 미움의 시절이 존재했는데, 그 이전에는 일방적인 애정의 구간이 있었다. 나로서는 큰 의미를 두지 않는 생일도, 그 탄생의 순간은 할머니에게 기쁨이었다는 것을 알았다. 뭉텅이로 나온 과거의 사진 속 나는 할머니의 팔짱을 끼고 환하게 웃고 있었다.

 존재했던 애정과 존재했던 미움. 우리의 마지막은 용서라고 표현하기에는 어려웠다. 이해라는 말도 부족했다. 나란히 달리는 마음 둘이 그저 거기에 있었을 뿐이다.

 비우기 위해서 글을 쓴다. 기억을 더듬어 기록한다. 잊고 있던 어떤 시절이 수면에 떠오른 지금 기록할 때이다. 다시 한참의 시간이 흐르면 그 기록을 기억하게 된다.

할머니의 평안을 바라며.

집의 순간 ⓒ김수민, 2025

초판 1쇄 2025년 4월 1일

지은이	김수민
편집, 교정	김수민
디자인	김수민
인쇄	금비피앤피
펴낸 곳	적당한 고요
펴낸 이	김수민

출판등록 2025년 3월 18일
제25100-2025-031호

전자우편 quietly2025@gmail.com
인스타그램 @moment.athome

ISBN 979-11-992075-0-9 03810

* 저작권법에 의해 보호를 받는 저작물로 무단 복제와 전재를 금합니다.